ASTRO-WORKBOOK

Tanja Brock

Astro-Workbook

Königsfurt Urania

Die in diesem Buch enthaltenen Informationen und Ratschläge wurden von der Autorin sorgfältig recherchiert und geprüft. Eine Garantie kann dennoch nicht übernommen werden. Die Informationen und Ratschläge sind außerdem nicht dazu gedacht, die Beratung durch einen Arzt oder Therapeuten zu ersetzen, sofern eine solche angezeigt ist. Eine Haftung der Autorin oder des Verlags ist ausgeschlossen.

Bibliographische Information der Deutschen Nationalbibliothek
Die Deutsche Nationalbibliothek verzeichnet diese Publikation in der Deutschen Nationalbibliographie; detaillierte bibliographische Daten sind im Internet über http://dnb.d-nb.de abrufbar.

Originalausgabe
4. Auflage 2025

Königsfurt-Urania Verlag GmbH, Ringstr. 32, D-24103 Kiel
info@koenigsfurt-urania.com • www.koenigsfurt-urania.com

Umschlaggestaltung: Daniela Zietlow unter Verwendung von Illustrationen von Universe Secrets Illustration Bundle © Cosmic Stories Studio / Creative Market, Magic Woman & Nature © Alisovna / Creative Market und Sun and Moon © Darya Gribovskaya / stock.adobe.com
Projektleitung und Lektorat: Jennifer Lorenzen-Peth
Satz und Layout: Daniela Zietlow, Hamburg
Druck und Bindung: Finidr s.r.o., Tschechische Republik
Printed in EU

ISBN 978-3-86826-803-4

FSC www.fsc.org
MIX
Papier aus verantwortungsvollen Quellen
FSC® C014138

INHALT

VORWORT

Astrologie ist eine uralte Wissenschaft, die sich mit der Analyse der kosmischen Einflüsse auf die Erde und auf ihre Bewohner, uns Menschen, befasst. Jedes menschliche Individuum hat ein einzigartiges Geburtshoroskop, das auf den genauen Positionen der Planeten zum Zeitpunkt der Geburt basiert. Dieses Horoskop kann uns wertvolle Informationen über unsere Persönlichkeit, unsere Stärken und Schwächen, unser Schicksal und unsere Bestimmung geben.

Dieses astrologische Workbook ist ein wunderbares Werkzeug, um dein Geburtshoroskop zu analysieren und besser zu verstehen. Schritt für Schritt führe ich dich durch dein Horoskop hindurch. Du findest hier Tabellen mit Übersichten über die verschiedenen Planetenpositionen und Konstellationen, die in einem Horoskop zu finden sind. Du wirst aufgrund der Übersichtlichkeit in der Lage sein, meinen persönlichen Erfahrungsschatz der Horoskopdeutung zu nutzen, ohne Astrologe oder Astrologin zu sein! Mein Ziel ist es, dass du die Bedeutung jeder Konstellation und jedes Aspekts in deinem Horoskop verstehen und für dich selbst erkennen kannst, wie sie sich in deinem Leben zeigen.

Das Workbook enthält zahlreiche **Keyword- und Deutungstabellen** und weitere Deutungshilfen und Übersichten für dein Horoskopverständnis, die dir helfen, die verschiedenen Elemente zu interpretieren. Du wirst lernen, wie du dein Horoskop lesen und verstehen kannst, auch, indem du die Bedeutung von Planetenpositionen, Aspekten und Zeichen deuten kannst. Mit den schönen Notizseiten und gezielten Reflexionen können deine Fragen zu deinem eigenen Horoskop endlich gelöst werden.

Dieses Workbook ist ideal für **Astroneulinge und auch Fortgeschrittene**, die ihre astrologischen Kenntnisse vertiefen und ein besseres Verständnis ihrer Persönlichkeit und ihres Lebenswegs gewinnen möchten. Du wirst mithilfe des Workbooks in der Lage sein, dein Horoskop zu analysieren und herauszufinden, welche Stärken und Schwächen du hast, welche Herausforderungen und Stolpersteine du in deinem Leben erwarten kannst und welche Möglichkeiten dir auf deinem Lebensweg mit all deinen individuellen Eigenschaften und Talenten offenstehen.

Folge einfach den Schritt-für-Schritt-Anleitungen. Tauche mit mir ein in die faszinierende Welt der Astrologie und entdecke die verborgenen Schätze und Erkenntnisse, die in deinem Horoskop verborgen sind. Das Astro-Workbook ist zudem eine wertvolle Ergänzung für alle, die bereits die Astro-Cards (ebenfalls im Königsfurt-Urania Verlag erschienen) besitzen und ihre astrologischen Kenntnisse daraus vertiefen möchten.

Mit der Kombination aus Astrocards und Workbook wird die Entschlüsselung des Horoskops zu einem aufschlussreichen und lohnenden Prozess, der dir eine neue Ebene des Verständnisses über dich selbst und deine eigene Bestimmung ermöglicht.

WIE DU DEIN KOSTENLOSES HOROSKOP ERSTELLST

Gehe im Internet auf **astro.com** (eine Website, auf der du kostenlos Astrologische Berechnungen und Diagramme erstellen kannst) und klicke oben rechts auf »Mein Astro«:

Klicke auf »Gastbenutzer« oder erstelle einen kostenlosen Account, um dein Horoskop zu erstellen. Der Vorteil eines Accounts ist die Speicherung all deiner erstellten Charts, falls du auch für Freund:innen, Partner:innen oder Verwandte Horoskope anlegen möchtest.

Bitte gib dann dein Geburtsdatum, Geburtsort und Geburtszeit ein. Als Beispiel verwende ich meine eigenen Daten: geboren am 6. Juni 1985 um 14:34 Uhr in München, Deutschland.
Fülle die Seite aus und klicke dann »weiter«.

Gehe nun auf »erweiterte Grafikauswahl«.

Wähle nun »Horoskopzeichnung«.

Et voilà: Dein persönliches Birthchart erscheint!

♀ Tanja
Do., 6. Juni 1985 Uhrzeit: 14:34
München, D Weltzeit: 12:34
11e34, 48n08 Sternzeit: 6:19:44

Radix-Horoskop
Methode: Astrodienst / Placidus
Sonnenzeichen: Zwillinge
Aszendent: Waage

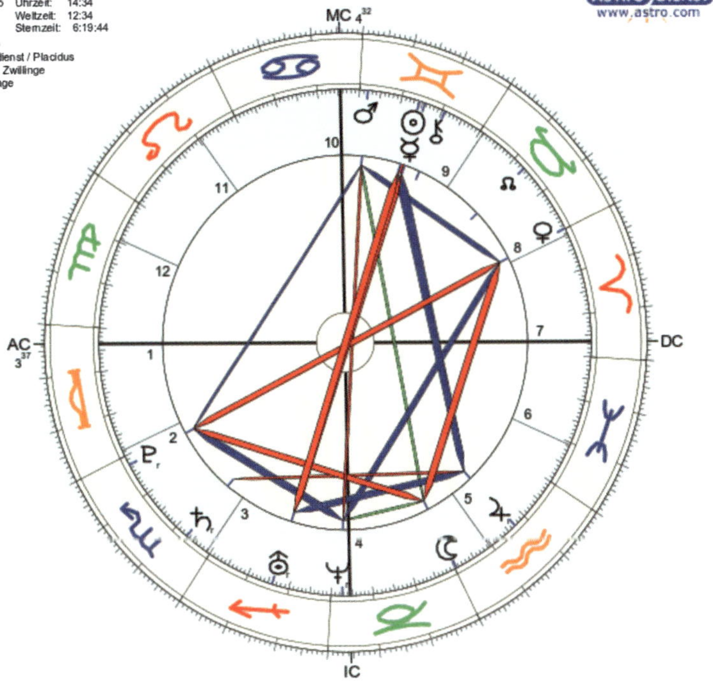

☉ Sonne	♊	15° 44' 25"	
☽ Mond	♒	0° 23' 54"	
☿ Merkur	♊	14° 24' 46"	Dom.
♀ Venus	♉	0° 8' 22"	Dom.
♂ Mars	♊	28° 2' 56"	
♃ Jupiter	♒	16° 57' 35"r	
♄ Saturn	♏	23° 15' 56"r	
♅ Uranus	♐	16° 0' 3"r	
♆ Neptun	♉	2° 41' 51"r	
♇ Pluto	♏	2° 16' 5"r	Dom.
☊ Mondk/m	♉	16° 51' 35"	
⚷ Chiron	♊	9° 23' 6"	
⚸ Lilith	♉	0° 31' 31"	
AC: ♎ 3° 37'	2: ♎ 28° 37'	3: ♏ 29° 10'	
MC: ♋ 4° 32'	11: ♌ 9° 31'	12: ♍ 9° 24'	

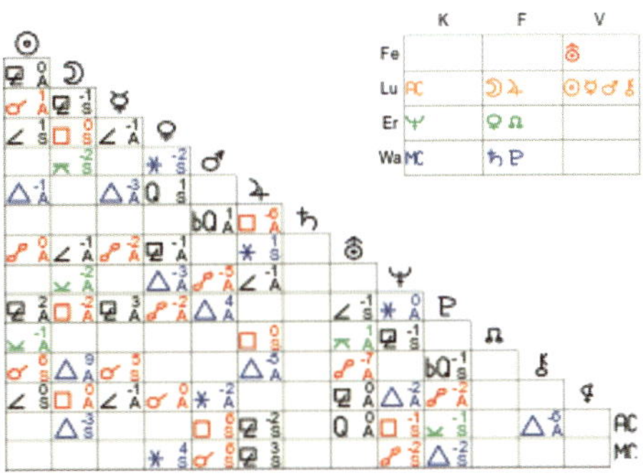

WIE SIEHT DEIN HOROSKOP AUS?

1\.
Die Radix, das Runddiagramm, als Abbild der Planeten/Zeichenstände und Berechnungspunkte zum Zeitpunkt deiner Geburt, siehe auch S. 20

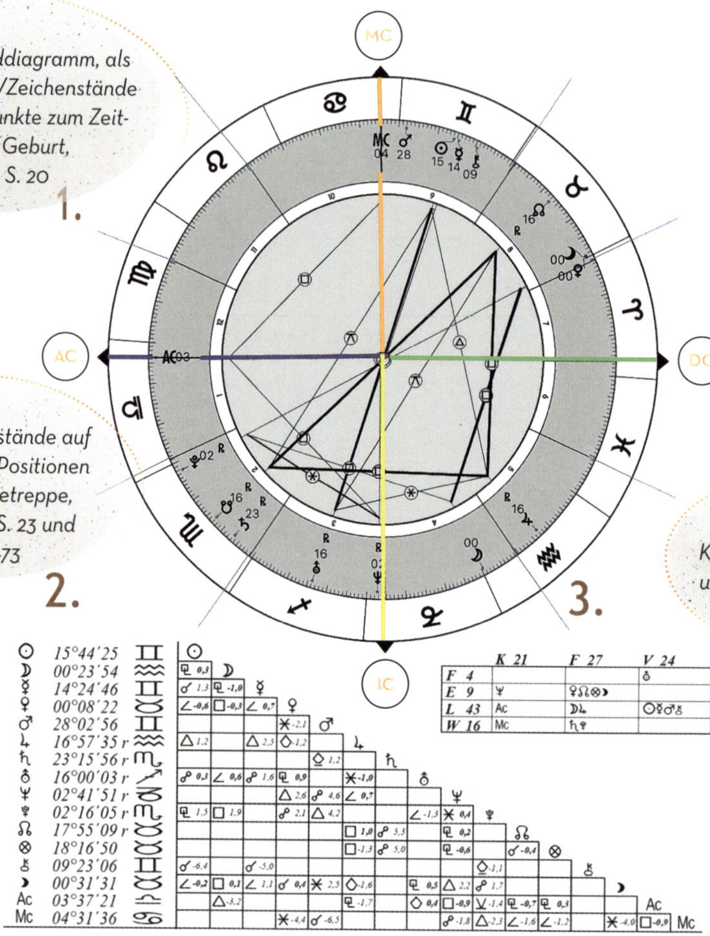

☉	15°44′25	♊
☽	00°23′54	♒
☿	14°24′46	♊
♀	00°08′22	♉
♂	28°02′56	♊
♃	16°57′35 r	♒
♄	23°15′56 r	♏
♅	16°00′03 r	♐
♆	02°41′51 r	♑
♇	02°16′05 r	♏
☊	17°55′09 r	♉
⊗	18°16′50	♉
⚷	09°23′06	♊
☾	00°31′31	♉
Ac	03°37′21	♎
Mc	04°31′36	♋

	K 21	F 27	V 24
F 4			♅
E 9	♆	♀☊⊗☾	
L 43	Ac	☽♃	☉☿♂⚷
W 16	Mc	♄♇	

2\.
Die Planetenstände auf den exakten Positionen und Aspektetreppe, siehe auch S. 23 und S. 68–73

3\.
KFV-Kardinal, Fix und Veränderlich

Diese Tabelle ist dir vielleicht in deinem eigenen Horoskop schon einmal aufgefallen. F, E, L und W bedeuten: Feuer, Erde, Luft und Wasser. KFV erkläre ich ab S. 48 und auf S. 41 die Elemente.
Die 12 Sternzeichen sind nicht nur in Elemente unterteilt, sondern auch in sogenannte Modalitäten bzw. Qualitäten.

WAS GENAU IST EIN BIRTHCHART BZW. GEBURTSHOROSKOP?

Dein Birthchart, dein Geburtshoroskop, ist ganz einfach eine Berechnung und grafische Darstellung der exakten Positionen der Planeten/astrologische Berechnungspunkte unseres Sonnensystems zum Zeitpunkt deiner Geburt an einem spezifischen Ort auf der Erde. Ergo ein Screenshot des Universums zum individuellen Zeitpunkt deiner Geburt.

Ohne Internet wurde früher ein Horoskop mit der Hand und mithilfe der sogenannten Ephemeriden berechnet. Heutzutage haben wir es leicht, wir bekommen z.B. über Astro.com nach Eingabe des Datums, Orts und Uhrzeit der Geburt kostenlos eine Geburts-Horoskopzeichnung, eine Radix.

»Wir sind zu einem gegebenen Augenblick, an einem gegebenen Ort geboren worden und wir besitzen, wie ein alter Weinjahrgang, die Qualität des Jahres und der Jahreszeit, die uns zur Welt kommen sah.« C. G. Jung

Interessanter Fakt: Traditionell erfolgte diese Berechnung mithilfe des Längen- und Breitengradsystems unter Verwendung der sogenannten Ephemeriden.

Die Astrologie kann als eine Art von Symbolsprache betrachtet werden, diese und ihre »Grammatik« darfst du hier im Astro-Workbook lernen. In dieser Sprache stellen die **Planeten sozusagen die Substantive (WAS)** dar, da sie in der Astrologie Menschen, Charaktere, Orte und Dinge beschreiben.

Sie nehmen eine Position ein und haben ihren eigenen **Raum als Wirkungsfeld (Haus und Lebensbereich) (WO),** in dem sie spezifische Handlungen auf eine **bestimmte Art und Weise (WIE)** durch die Tierkreiszeichen ausführen (s.a. die Was-Wie-Wo Regel, S. 16–17). Gleichzeitig müssen sie sich jedoch auch an die astrologischen Regeln und Eigenschaften der jeweiligen Grundplaneten-Energie halten, daher gibt es hier eine Art Hierarchie und Herrschersystem (siehe Würden, S. 67).

Hintergrund: Die Astrologie als kulturelles Phänomen hat ihren Ursprung bei den Sumerern vor etwa 5000 Jahren und verbreitete sich dann in Mesopotamien/Babylonien, im antiken Griechenland, Rom, Ägypten, der arabischen Welt, dem christlichen Mittelalter und der europäischen Renaissance. Sie repräsentiert eine Denkweise und eine Orientierungshilfe, der sich unsere Vorfahren bedienten, und die erst vor einigen Jahrhunderten durch den Rationalismus der Aufklärung und durch das Christentum bzw. die Verbreitung der Weltreligionen in den Hintergrund gedrängt wurde. Alles begann mit der Beobachtung des Himmels, der Entdeckung von Zyklen und wiederkehrenden Ereignissen in Verbindung mit den Jahreszeiten und dem Ackerbau.

Mein Rat

Wenn du damit beginnst, deine Radix zu lesen und damit deinen eigenen individuellen kosmischen Fingerabdruck zu entschlüsseln, solltest du mit verschiedenen Interpretationen, Deutungsideen spielen und auch offen sein für deine Intuition, die Ideen deiner Seele. Je mehr du die astrologische Deutung auf dich und dein Leben personalisierst und zuschneidest, desto stimmiger werden deine Erkenntnisse mit dem Workbook sein.

DEIN HOROSKOP ZUM AUSFÜLLEN

DATUM	
ZEIT	
ORT	

☉	SONNE	
☽	MOND	
AC	ASZENDENT	

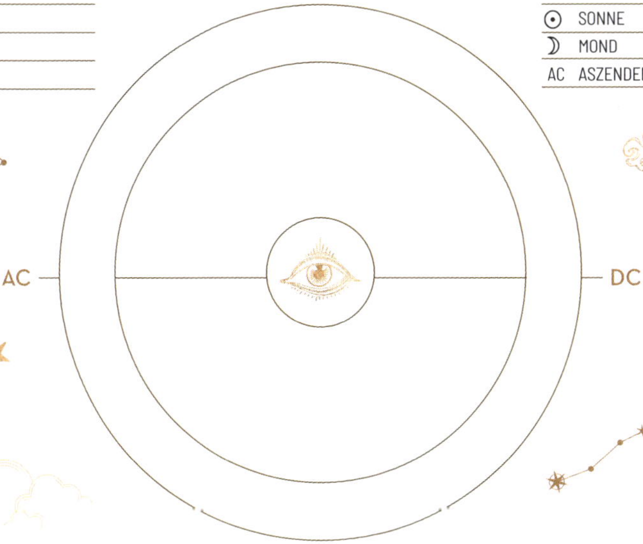

MEINE PLANETEN

☉	SONNE	
☽	MOND	
☿	MERKUR	
♀	VENUS	
♂	MARS	
♃	JUPITER	
♄	SATURN	
♅	URANUS	
♆	NEPTUN	
♇	PLUTO	
☊	NÖRDL. MONDKNOTEN	
⚷	CHIRON	
⚸	LILITH	
AC	ASZENDENT	
DC	DESZENDENT	
MC	MEDIUM COELI	
IC	IMUM COELI	

ASPEKTE

☉ ☽ ☿ ♀ ♂ ♃ ♄ ♅ ♆ ♇ ☊ ⚷ ⚸ AC DC MC IC

ELEMENTE / QUALITÄTEN

	KARDINAL	FIX	VERÄNDERLICH
△ FEUER			
△ LUFT			
▽ ERDE			
▽ WASSER			

Hier kannst Du dir diese Seite herunterladen und ausdrucken

SCHRITT FÜR SCHRITT ANLEITUNG

ENTSCHLÜSSLE MIT SIMPLEN CODES DEIN HOROSKOP: DIE WAS-WIE-WO-REGEL

Der Planet steht für das WAS

In deinem Horoskop kannst du die Lichter **Sonne** und **Mond**, bestimmte **Planeten** und **Berechnungspunkte** zum Zeitpunkt deiner Geburt genauer betrachten, um mehr über dich selbst, dein Licht und deine Schattenseiten, Talente und auch über deine Bestimmung zu erfahren. Du erfährst, WAS sie in dein Leben bringen und für WAS sie als Persönlichkeitsanteile in dir stehen.

Die Zeichen stehen für das WIE

Die Tierkreiszeichen, in denen sich deine Sonne, dein Mond, einer der zehn Planeten oder Berechnungspunkte wie Lilith, Chiron oder die Mondknotenachse in deiner Radix (Geburtshoroskop) befinden, geben Aufschluss darüber, WIE sich diese Energie nach der jeweiligen der 12 Archetypen und Eigenschaften der Tierkreiszeichen in deiner Persönlichkeit entfaltet. Und welche Auswirkungen das auf welche Art und Weise, WIE auf dein Leben hat. Ab S. 27 und S. 79 bekommst du auch noch mal einen guten Überblick darüber!

Tipp: In der Astrologie ist vernetztes Denken wichtig, daher lohnt es sich immer, das WIE des Tierkreiszeichens und auch die Elemente in deine Überlegung und Deutung miteinzubeziehen (Luft: Zwillinge, Waage, Wassermann, Wasser: Krebs, Skorpion, Fische, Feuer: Widder, Löwe, Schütze oder Erde: Stier, Jungfrau, Steinbock). Es macht also z.B. einen erheblichen Unterschied, ob dein Mond in den Fischen und damit in einem eher gefühlvollen Wasserzeichen steht oder im Widder, also in einem impulsiven Feuerzeichen!

Die astrologischen Häuser stehen für das WO

Die 12 astrologischen Häuser stehen für verschiedene Lebensbereiche, die wiederum auch in sich von den 12 Tierkreiszeichen thematisch abgeleitet sind. Sie zeigen, WO in unserem Leben sich die Wirkung eines Planeten oder die Energie eines Berechnungspunktes entfaltet und möglicherweise zeigt.

Zusammengefasst

Ein Planet (WAS), im Sternzeichen (WIE), in einem Haus (WO) fungiert dabei wie ein Hausherr, dessen Geschmack bei der Gestaltung des Lebensbereiches eben einen bestimmenden Einfluss hat.

Vorsicht: Hier besteht für Astro-Neulinge eine enorme Verwechslungsgefahr. Denn so kann z.B. das 4. Haus (natürlicher Hausherr Krebs) vielleicht in deinem Horoskop deine Löwe-Sonne beherbergen. Das bedeutet folgerichtig, dass dein 4. Haus im Zeichen Löwe steht. Das 4. Haus steht aber dennoch grundsätzlich für das (Krebs-) Lebensthema Familie und Heim, in dem sich deine Löwe-Sonne eben ausdrückt. Auf S. 52 findest du auch nochmal einen Überblick über die 12. Häuser/Lebensbereiche.

Mein genereller Rat: Hab Geduld mit dir, dieses vernetze Astro-Denken braucht ein wenig, um sich zu verankern, ebenso wird es auch etwas dauern, die WAS-Energien der Lichter, Planeten, Berechnungspunkte usw. zu verstehen, die WIE, also die 12 Tierkreiszeichen zu verinnerlichen als auch die verschiedenen Häuser WO greifen zu können. Nutze daher die Tabellen, die in diesem Workbook enthalten sind, oder auch die Astro-Cards, um dich leichter und spielerischer vertraut zu machen.

WAS BEDEUTEN DIE SYMBOLE?

Feuer	Wasser	Erde	Luft
♈ Widder	♋ Krebs	♑ Steinbock	♎ Waage
♌ Löwe	♏ Skorpion	♉ Stier	♒ Wassermann
♐ Schütze	♓ Fische	♍ Jungfrau	♊ Zwillinge
leidenschaftlich mutig selbstbewusst unabhängig energetisch	fürsorglich sensibel emotional intuitiv gefühlvoll	geerdet praktisch gemütlich friedlich strukturiert	kommunikativ sozial intelligent neugierig analytisch

Kardinal	Fix	Veränderlich
♈ ♋ ♑ ♎	♌ ♏ ♉ ♒	♐ ♓ ♍ ♊
anstiftend aktiv ehrgeizig	konzentriert beharrlich eigensinnig	flexibel ideenreich ruhelos

Hier werden nicht die alten klassischen Herrscher berücksichtigt, siehe Würden S. 67 – modernes Herrschersystem.

Planeten und Zeichenherrscher*				Häuser		
☉	Sonne	♌	Ich, Wesen und Persönlichkeit	1	♈	Selbst, Aussehen und Identität
☾	Mond	♋	Gefühle und Unterbewusstsein	2	♉	Ressourcen, Finanzen und Werte
☿	Merkur	♊ ♍	Verstand und Sprache	3	♊	Kommunikation und Interaktion
♀	Venus	♉ ♎	Liebe und Schönheit	4	♋	Heim und Familie
♂	Mars	♈	Antrieb und Kraft	5	♌	Freude, Bühne und Spiel
♃	Jupiter	♐	Ideale, Reichtum und Weite	6	♍	Arbeit und Routine
♄	Saturn	♑	Grenzen und Lektionen	7	♎	Liebe, Beziehungen und Partnerschaft
♅	Uranus	♒	Veränderung, Wandel und Neubeginn	8	♏	Verdrängtes, Geheimnis und Transformation
♆	Neptun	♓	Träume und Spiritualität	9	♐	Lernen und Glauben
♇	Pluto	♏	Transformation, Schatten und Mystik	10	♑	Karriere und Erfolg
AC	Deine Erscheinung	DC	Qualitäten deines Gegenübers	11	♒	Gemeinschaft, Netzwerke und Technik
MC	Deine Berufung	IC	Seelenheimat, innere Verwurzelung	12	♓	Rückzug, Spiritualität und Sinne
☊	Neues Lebensziel	☋	Altes Karma	⚷	Innere Heilung	

DER HOROSKOPAUFBAU: DEINE RADIX VERSTEHEN

Alles, was wächst, hat eine Wurzel!

So heißt das Runddiagramm deines Horoskops: Radix, Latein für »Wurzel«. Es zeigt wie ein mathematischer Screenshot vom Universum die Positionen der Planeten zum Zeitpunkt deiner Geburt an.

Somit liefert uns die Radix des Geburtshoroskops den grundlegenden Rahmen für das Verständnis der astrologischen Einflüsse und Potenziale unserer Person.

Du darfst nun einfach die Sprache und Handwerkszeuge der Astrologie lernen, um diesen Bauplan unseres Seins für dich zu übersetzen, ergo zu deuten. Hier zum grundlegenden Horoskopaufbau Step by Step:

Ebene 1: Die Tierkreiszeichen

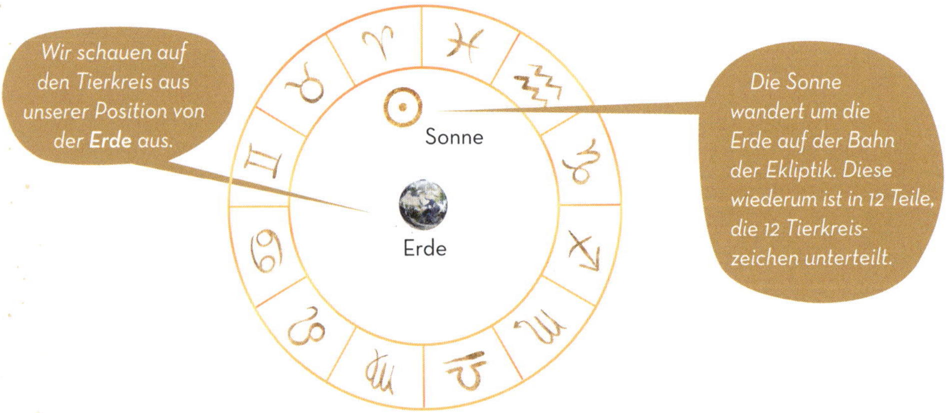

1. Das Zentrum der Grafik wird durch eine Erdkugel dargestellt. Denn die Sonne bewegt sich aus unserer Perspektive um die Erde herum, entlang einer Bahn, die als »Ekliptik« bezeichnet wird.

Sie ist in 12 Abschnitte geteilt, in die 12 Tierkreiszeichen. Jedes Tierkreiszeichen erstreckt sich über 30 Grad, und wir können 30 winzig kleine schwarze Striche entlang des äußeren Teils des Rads der Zeichen sehen. Jeder der Striche steht für ein Grad. Du kannst zum Beispiel bei mir die Sonne erkennen, wie sie ungefähr zu 15 Grad in den Zwillingen steht zum Zeitpunkt meiner Geburt (siehe S. 11).

Ebene 2: Die Häuser

2. Das Geburtshoroskop wird in 12 Kuchenstücke unterteilt, die als Häuser bezeichnet werden, und 12 essentielle Lebensbereiche darstellen, siehe S. 52.

Merke: Es gibt 12 Tierkreiszeichen und 12 Häuser!
Es besteht hier immer die Gefahr, die Häusergrenzen mit den Gradzeichen-Grenzen der Tierkreiszeichen zu verwechseln. Daher mein Tipp: Verlängere mit einem Bleistift und Lineal zu Beginn die Häuserlinien, um nicht in diese Falle zu tappen. Die Häuser spiegeln die 24-stündige Rotation der Erde um ihre Achse wider. Da sich die Häuser alle 24 Stunden drehen, also umgerechnet die Häuserspitzen mit ca. 4 Minuten pro 1° wei-

terwandern, ist es entscheidend, die genaue Geburtszeit zu verwenden, um das Horoskop korrekt zu berechnen. Die Häuserlinien verlaufen von der Mitte zum äußeren Teil der Radix, die die Symbole, auch Glyphen genannt, für die Tierkreiszeichen entlang der Außenseite enthält.

Das Tierkreiszeichen in einem Haus fungiert dabei wie ein Hausherr, dessen Geschmack bei der Gestaltung des Lebensbereiches eben einen bestimmenden Einfluss hat, auch wenn die Grundthematik eines Hauses bzw. Lebensbereich auch nochmal die ursprüngliche Zeichenthematik der Tierkreiszeichen hat. Das 1. Haus, das sogenannte Widderhaus, kann so z.B. in der Waage stehen. Das sind also zwei Ebenen in sich!

Die Achsen eines Horoskops sind die Anfänge und werden daher auch als **Häuserspitzen** bezeichnet. Jeweils zwei Häuserspitzen stehen einander, um 180° versetzt, genau gegenüber. Die nachfolgend beschriebenen Achsen sind die sogenannten **Hauptachsen** zwischen dem 1. und 7. Haus und dem 4. und 10. Haus: Häuserspitze 4. Haus: IC, Häuserspitze 7. Haus: Deszendent, Häuserspitze 10. Haus: MC oder Himmelsmitte

Ebene 3: Die Planeten

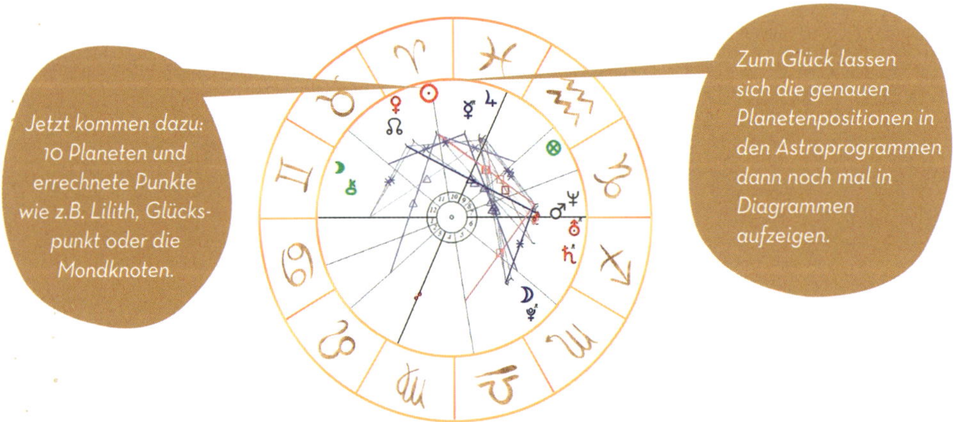

3. Jetzt kommt Bewegung ins Spiel, bzw. in deine Radix: Jetzt sehen wir die 10 Planeten und auch noch weitere berechnete Punkte, wie zum Beispiel Lilith, den Glückspunkt oder die Mondknoten, die eine Radix aufzeigen kann. Man kann übrigens in den Berechnungsprogrammen in der Regel einstellen, was alles in der berechneten Radix angezeigt werden soll.

Hintergrund: Die alten Griechen erkannten unter den vielen Himmelskörpern am Nachthimmel 7*, die sich im Vergleich zu den Sternen scheinbar bewegten. Sie nannten sie »Planeten«, was so viel wie »Wanderer« bedeutet. Die 7* sind die Klassischen Planeten. Uranus, Neptun und Pluto wurden erst sehr viel später entdeckt.

Diese Planeten und astrologischen Berechnungspunkte tragen zur weiteren Verfeinerung und Interpretation des Horoskops bei.

Ebene 4: Die Aspekte

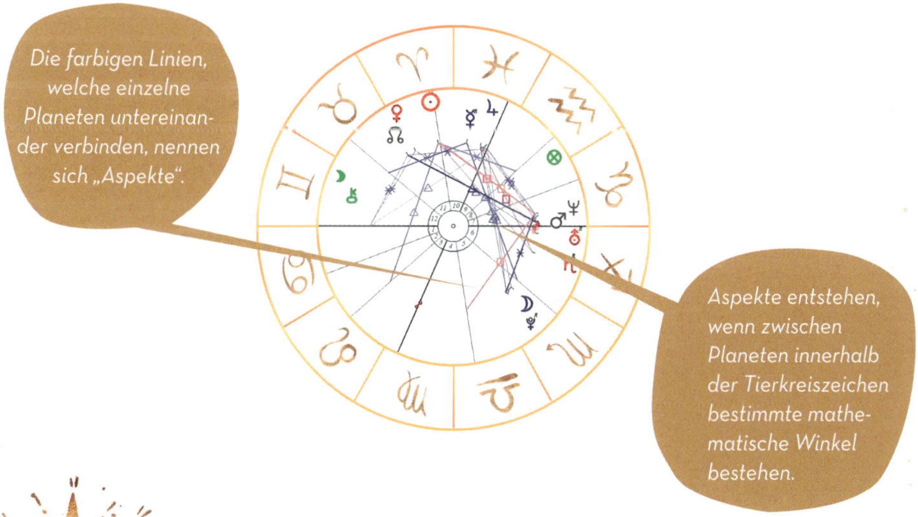

4. Zwischen den Planeten erstrecken sich farbigen Linien, die als »Aspekte« bekannt sind. Sie entstehen, wenn zwischen Planeten, den Achsen bzw. Häuserspitzen (AC, DC, MC und IC) und Berechnungspunkten wie u.a. Lilith, Chiron oder den Mondknoten bestimmte mathematische Grad-Abstände vorliegen (siehe S. 68–73).

Um es so einfach wie möglich auszudrücken: Planetenaspekte beschreiben die Beziehungen zwischen den Planeten. Der Begriff »Aspekte« stammt von lat. »aspectus«, was so viel wie »Anblick« bedeutet. Somit blicken sich einzelne Planeten an und bilden im Horoskop je nach Winkelgrad einen bestimmten Aspekt zueinander. Die Abweichung vom genauen Winkel, die noch toleriert wird, damit ein Aspekt noch als ein Aspekt gilt, wird **Orbis** genannt. Das Verständnis der Aspekte im Horoskop gibt Einblick in die einzelnen Dynamiken, die sich in deinem Leben abspielen. Aspekte sind die Beziehungen zwischen den Planeten.

Auch wenn es in der Darstellung von Astroprogramm zu Astroprogramm auch farblich manchmal Abweichungen gibt, ist es in der Regel so:

Die roten Linien in deinem Geburtshoroskop stehen für Spannungen (**Konjunktionen**, **Oppositionen**, **Quadrate**) und die blauen Linien für harmonische Aspekte (**Trigon**, **Sextil**). Die grünen sind Nebenaspekte, die wir im Astro-Workbook als auch in den Astro-Cards bewusst ausgelassen haben.

DIE 12 TIERKREISZEICHEN

Die Tierkreiszeichen, auch bekannt als »Sternzeichen«, sind für mich eine faszinierende Charakter-Typologie in 12 Archetypen. So werden rein aus psychologischer Sicht in den zwölf verschiedenen Zeichen die verschiedenen Facetten der menschlichen Wesensart gut erfasst. Es besteht eine magische Verbindung zwischen den Eigenschaften der antiken Tierkreiszeichen und dem kollektiven Unterbewusstsein. Dies erklärt vielleicht, warum sich diese Eigenschaften auch heute noch in den Menschen manifestieren, die in den entsprechenden Monaten geboren werden.

Was genau ist aber der Tierkreis?

Der Tierkreis ist ein ovaler Kreis, der sich über den Himmel erstreckt und auf der **Ekliptik** verläuft (die Ekliptik ist der scheinbare Weg der Sonne aus der Perspektive der Erde). Hier verlaufen die Umlaufbahnen aller Planeten, die aber alle ihre eigene Zeit und ihre eigenen Rhythmen (Planetenzyklen, siehe Tabelle S. 63–64) rund um die Sonne haben. Im Tierkreis befinden sich Sternbilder, die von der Erde aus sichtbar sind. Ausgehend von der Antike wurden Ähnlichkeiten zu Tieren oder Symbolen darin gesehen.

Historischer Hintergrund: Ursprünglich war der Mond der Planet, der das größte Interesse auf sich zog. Die Einteilung der Sternbilder folgte anfangs dem Zyklus seiner Bahn. Die ersten Tierkreise, die in Babylonien (Mesopotamien), Indien und China entdeckt wurden, waren eng mit dem Mond verbunden und waren sozusagen Mondkreiszeichen. Später erkannte man jedoch, dass die Sonne eine zentralere Rolle in unserem Leben spielt. Die zwölf Etappen/Monate der Sonne wurden nach und nach hinzugefügt und ersetzten allmählich die des Mondes. Die Benennung der zwölf Sonnenabschnitte wurde auf Tafeln aus dem 12. Jahrhundert v. Chr. festgehalten. Letztendlich erhielten sie ihre endgültigen Namen durch die Griechen. Deswegen bezeichnen wir den Kreis der Sternbilder als »Tierkreis«.

Der astrologische Tierkreis, mit dem wir heute arbeiten, nennt sich »tropischer Tierkreis« und basiert auf den Eckpunkten der Ekliptik während des Jahresverlaufs. Bei der Frühlingstagundnachtgleiche im März beginnt der Tierkreis mit dem Zeichen Widder bei 0°. An der Sommersonnenwende im Juni befinden wir uns beim Zeichen Krebs ebenfalls bei 0°. Die Herbsttagundnachtgleiche im September markiert den Startpunkt des Zeichens Waage bei 0°, und die Wintersonnenwende im Dezember entspricht dem Zeichen Steinbock bei 0°. Anhand dieser vier Eckpunkte wird der gesamte Jahreskreis, der 360° umfasst, in 12 gleich große Abschnitte unterteilt.

Jeder dieser Abschnitte repräsentiert ein Tierkreiszeichen und nimmt genau 30° ein. Auf Seite 175 in den FAQs erfährst du mehr zur Genauigkeit der Geburtstags-Zeiträume.

Widder: 21. März bis 20. April
Stier: 21. April bis 20. Mai
Zwillinge: 21. Mai bis 21. Juni
Krebs: 22. Juni bis 22. Juli
Löwe: 23. Juli bis 23. August
Jungfrau: 24. August bis 23. September
Waage: 24. September bis 23. Oktober
Skorpion: 24. Oktober bis 22. November
Schütze: 23. November bis 21. Dezember
Steinbock: 22. Dezember bis 20. Januar
Wassermann: 21. Januar bis 19. Februar
Fische: 20. Februar bis 20. März

HERRSCHER
Mars

Ich kämpfe

WIDDER

♈

21. März bis 20. April

ARCHETYP
Die oder der Kämpferische

ERLÖST/SONNENSEITE
Ich lege los und setze mich durch. Ich brenne für mein Ziel.
das Mutige und Selbstbestimmte, Kämpfergeist, Tatkraft, Willensstärke, Durchsetzungsvermögen, Selbstbehauptung und Dynamik, Eigeninitiative, Selbstvertrauen

UNERLÖST/SCHATTENSEITE
Ich verrenne mich, mit dem Kopf durch die Wand – ich kämpfe gegen mich und andere.
Wut, Frustration, Ego, Impulsivität, Aggression, Vulkanausbruch, Ellbogeneinsatz, Rivalität, ungesunder Extremsport

Starte durch

leidenschaftlich, mutig, wegbereitend, siegend

ELEMENT
Feuer

QUALITÄT
Kardinal

POLARITÄT
Männlich (aktiv)

GEGENÜBER
Waage (Opposition)

HAUSZUORDNUNG
1. Haus:
Selbst und Identität

KÖRPERZUORDNUNG
Kopf inklusive Gesicht, Gehirn und Augen

SYMBOLE/FARBEN/ PFLANZEN
rot,
Geranie
Geißblatt
Eisen

ARCHETYP
die Amazone oder Held*in, der Eroberer, Pionier*in, (Wett-) Kämpfer*in und Unternehmer*in, Tyrann, Fanatiker*in

DEINE LERNAUFGABE
Vom Ich zum Du zu kommen, Relaxen lernen, Geduld, Beständigkeit, wirklich in Beziehung zu anderen sein, Ausdauer, Impulskontrolle aufbauen und Zorn ablegen

HERRSCHER
Venus

Ich besitze

STIER

♉

21. April bis 20. Mai

ARCHETYP
Die oder der Sinnliche

ERLÖST/SONNENSEITE

Ich baue mir etwas auf und sichere es mir, um bequem zu leben, Genuss leben zu können ist mein Grundrecht.
Stabilität, Sicherheit, Natur, Sinnlichkeit, Wohlstand, Beharrlichkeit, Beständigkeit, Verwurzelung

UNERLÖST/SCHATTENSEITE

Ich mache mich abhängig von Besitz, giere danach, Dinge zu besitzen, und beziehe meinen Selbstwert rein auf Geld.
Materialismus, Luxusgier, übertriebener Sicherheitsdrang, Existenzängste, Faulheit

Sichere Dir Besitz

sinnlich, kreativ, sicherheitsorientiert, genießerisch

ELEMENT
Erde

QUALITÄT
Fix

POLARITÄT
Weiblich (passiv)

GEGENÜBER
Skorpion

HAUSZUORDNUNG
2. Haus: Ressourcen, Werte und Finanzen

KÖRPERZUORDNUNG
Nacken, Mund, Speiseröhre, Hals

SYMBOLE/FARBEN/PFLANZEN
grün, braun, Veilchen, Mohn, Zypresse, Apfelbaum, das goldene Kalb

ARCHETYP
Naturliebhaber*in, Genießer*in, Luxuslover, Besitzer*in, Verführer*in, Gewohnheitstier

DEINE LERNAUFGABE

Lerne loszulassen und aus deiner Komfortzone herauszukommen, werde beweglicher und flexibler. Erkenne, wie reich du innerlich bist. Der Ort der Sicherheit ist in dir!

HERRSCHER
Merkur

Ich denke

ZWILLINGE

♊

21. Mai bis 21. Juni

ARCHETYP
Die oder der Kommunikative

ERLÖST/SONNENSEITE

Ich liebe es, zu interagieren und Informationen weiterzugeben.

Neugier, zuhören, engagieren, kommunizieren, Vielseitigkeit, Anpassungsfähigkeit, Intelligenz, flink, gute Analytik

UNERLÖST/SCHATTENSEITE

Ich verzettele mich und versinke im Chaos.

zerdenken, nervös, unentschlossen, wankelmütig, two-faced, gaunerhaft, flatterhaft, andere zuquatschen

Kommuniziere

kommunizierend, geistreich, fröhlich, flexibel

ELEMENT	QUALITÄT	POLARITÄT	GEGENÜBER
Luft	Veränderlich	Männlich (aktiv)	Schütze

HAUSZUORDNUNG
3. Haus: Kommunikation und Interaktion

KÖRPERZUORDNUNG
Arme, Hände, Luftröhre, Lunge, Nerven

SYMBOLE/FARBEN/PFLANZEN
(Zitronen-)Gelb, Maiglöckchen, bunte Vögel, Schmetterlinge

ARCHETYP
Storyteller, Narr/Närrin, Student*in, Journalist*in, Comedian, Clown, ewiges Kind, Lehrer*in, Botschafter*in

DEINE LERNAUFGABE

Lerne, Entscheidungen zu treffen, deine Nerven zu schonen und in Ruhe und Erdung zu kommen! Zudem darfst du gerne etwas Gas rausnehmen und mehr Tiefe und Substanz in dein Leben lassen!

HERRSCHER
Mond

Ich fühle

KREBS

♋

22. Juni bis 22. Juli

ARCHETYP
Die oder der Fürsorgliche

ERLÖST/SONNENSEITE

Ich vertraue auf meine Intuitionskraft und nähre mich und andere mit meiner Liebe.

Nahrung, Mitgefühl, Emotion, Weiblichkeit, Sanftheit, Empfänglichkeit, Fürsorge

UNERLÖST/SCHATTENSEITE

Ich verliere mich in der Fürsorge für die anderen und ziehe mich verletzt zurück.

Melancholie, launisch, Sich-Selbst-Vergessen, naiv verträumt, extremer Rückzug und Empfindlichkeit

Folge Deiner Intuition

mitfühlend, pflegend, sensibel, emotional

ELEMENT
Wasser

QUALITÄT
Kardinal

POLARITÄT
Weiblich (passiv)

GEGENÜBER
Steinbock

HAUSZUORDNUNG
4. Haus:
Heim und Familie

KÖRPERZUORDNUNG
Brust, Magen und Bauch

SYMBOLE/FARBEN/PFLANZEN
Krabbe, Tiere mit Panzer, Perlen, Mutter, Meer, hellblau, rosa, aquamarin, weiße Lilie

ARCHETYP
die*der Gefühlvolle, Fürsorgende, Pflegende, Heiler*in, Mutter, Psycholog*in

DEINE LERNAUFGABE

Nutze deine Intuition als Kompass, um unabhängiger von deinen Mitmenschen und selbstständiger zu werden.

HERRSCHER
Sonne

Ich spiele

LÖWE

ARCHETYP
Die oder der Extrovertierte

23. Juli bis 23. August

ERLÖST/SONNENSEITE

Ich lebe meine Talente und schenke der Welt großzügig meine Herzensfreude und mein Licht.
Offenherzigkeit, Selbstentfaltung, Vertrauen, Spontanität, Herzensmut, Führungsqualität, das Strahlende, Kraftvolle, leidenschaftlicher und kreativer Selbstausdruck

UNERLÖST/SCHATTENSEITE

Ich verliere mich im Gefallen-Wollen und ziehe eine Show ab.
Drama, falscher Stolz, Unsicherheiten über das eigene Selbst, Gier nach Lob, Ruhm und Aufmerksamkeit, Großspurigkeit, Maßlosigkeit

Sei sichtbar

strahlend, spielend, machtvoll, mutig

ELEMENT
Feuer

QUALITÄT
Fix

POLARITÄT
Männlich (aktiv)

GEGENÜBER
Wassermann

HAUSZUORDNUNG
5. Haus:
Freude, Bühne und Spiel

KÖRPERZUORDNUNG
Herz, Blutkreislauf, Wirbelsäule

SYMBOLE/FARBEN/PFLANZEN
Rubin, Gold, Orange, Krone, Sonnenblume, Sonne, Löwe, Leoprint, (Raub-)Katzen

ARCHETYP
der Bühnenstar, die*der Verspielte und Kreative, Herrscher*in, König*in, Schauspieler*in, Darsteller*in

DEINE LERNAUFGABE
Lerne, das eigene Licht und Talent zu entfalten und dich selbst wahrhaftig zu loben und stolz auf dich zu sein.

HERRSCHER
Merkur

Ich arbeite

JUNGFRAU

ARCHETYP
Die oder der Alchemist*in

24. August bis 23. September

ERLÖST/SONNENSEITE

Ich liebe meine innere Ordnung und bin auch mir selbst mit meinen Routinen dienlich.

Gesundheit, Planung, Organisation, Natur, Leistung, Wohlbefinden, Heilung, Routine, Demut, vernünftiges und kluges Denken

UNERLÖST/SCHATTENSEITE

Ich bin zwanghaft dabei, ständig Ordnung herzustellen, überarbeite mich und bin pedantisch und zu perfektionistisch.

Sauberkeitsfimmel, Engstirnigkeit, Prüderie, Nüchternheit, Misstrauen, Verzicht auf Genuss, Hypochondrie, Aufopferung, Übereifer, Selbstzweifel, Workaholic

Sei vernünftig

dienend, ordnend, analytisch, fleißig

ELEMENT
Erde

QUALITÄT
Veränderlich

POLARITÄT
Weiblich (passiv)

GEGENÜBER
Fische

HAUSZUORDNUNG
6. Haus:
Arbeit und Gesundheit

KÖRPERZUORDNUNG
Verdauungstrakt: Magen-Darmbereich, Milz, Leber, Bauchspeicheldrüse

SYMBOLE/FARBEN/ PFLANZEN
die Jungfrau (Statue), Weiß, Reinheit, Askese, Grau, klassische Farben, Handwerk, Garten, Gras, Geißblatt

ARCHETYP
die*der Dienende, Workaholic, die*der Fleißige und Pflichtbewusste, Handwerker*in Perfektionist*in

DEINE LERNAUFGABE
Nobody is perfect! Überwinde deine übertriebene Selbstkritik und erkenne, wie wunderbar du bist!

HERRSCHER
Venus

Ich beziehe mich

WAAGE

ARCHETYP
Die oder der Schöngeistige

♎

24. September bis 23. Oktober

ERLÖST/SONNENSEITE

Ich pflege eine gute Beziehung zu mir selbst und schenke mir viel Liebe.
Ausgeglichenheit, künstlerischer Feingeist, Kompromissbereitschaft, Gerechtigkeitssinn, Geschmack, feine Manieren, Freundlichkeit, Verbindlichkeit

UNERLÖST/SCHATTENSEITE

Ich verliere mich komplett im Gegenüber und beim Du.
Vermeidungsstrategien, Co-Abhängigkeit, Unentschlossenheit, Gefallsucht, Harmoniesucht, Idealisieren

Verbunden sein

ausgleichend, diplomatisch, friedvoll, charmant

ELEMENT	QUALITÄT	POLARITÄT	GEGENÜBER
Luft	Kardinal	Männlich (aktiv)	Widder

HAUSZUORDNUNG

7. Haus:
Beziehung und das Du

KÖRPERZUORDNUNG

Nieren, Blase, Haut, Lendenwirbelsäule

SYMBOLE/FARBEN/PFLANZEN

Waage, Justizia, Blau, Lila, Rosa, Pink, Lavendel, Rose

ARCHETYP

Friedensstifter*in, Berater*in, Liebende, Designer*in, Mediatorin, Juristin

DEINE LERNAUFGABE

Entwickle die Fähigkeit, dich im Spiegel des Dus selbst mehr wertzuschätzen!

HERRSCHER
Pluto + (Mars – traditionell)

Ich vertiefe

SKORPION

♏

24. Oktober bis 22. November

ARCHETYP
Die oder der Mystiker*in

ERLÖST/SONNENSEITE
Ich erkenne, dass es wahre Stärke bedeutet, tief zu empfinden.
Selbstermächtigung, Intensität, tiefe Transformation, Tiefgründigkeit, Tiefenpsychologie, Schattenarbeit

UNERLÖST/SCHATTENSEITE
Ich benutze meine psychischen Gaben, um über andere Macht auszuüben.
Eifersucht, Kontrolle, Zynismus, Machthunger und Machtmissbrauch, Manipulationskraft

In die Tiefe blicken

transformativ, geheimnisvoll, forschend, ergründend

ELEMENT	QUALITÄT	POLARITÄT	GEGENÜBER
Wasser	Fix	Weiblich (passiv)	Stier

HAUSZUORDNUNG
8. Haus: Wandlung und Grenzerfahrung

KÖRPERZUORDNUNG
Geschlechts- und Fortpflanzungsorgane, Harnleiter, Blase, Leisten, Schweißdrüsen

SYMBOLE/FARBEN/PFLANZEN
Skorpion, Schlange, Schwarz, Purpur, Weinrot, Blut, Chrysantheme, Plutonium

ARCHETYP
Kriminalist*in, Zauber*in, Hypnotiseur*in, Psychiater*in, Hexe, Detektiv*in, Wahrsager*in

DEINE LERNAUFGABE
Scheue dich nicht, trotz Gegenwinds weiterhin Licht in die Schatten der Welt zu bringen.

HERRSCHER
Jupiter

Ich glaube

SCHÜTZE

♐

23. November bis 21. Dezember

ARCHETYP
Die oder der Weltentdecker*in

ERLÖST/SONNENSEITE

Ich bin optimistisch im Leben und strebe ohne Zwang danach, meinen Geist zu erweitern.

Dankbarkeit, Weltoffenheit, Ideale, Abenteuerlust, Glaube, Optimismus, Großzügigkeit, Fülle, Ethik, Erforschung

UNERLÖST/SCHATTENSEITE

Ich bin selbstgefällig und meine, die Weisheit mit Löffeln gefressen zu haben.

Dogmatismus, moralische Überheblichkeit, Engstirnigkeit, Anspannung, exzessive Sinnsuche, Selbstgerechtigkeit, den Alltag ablehnen, Vorurteile

Philosophiere

entdeckend, souverän, nach Weite strebend, wissbegierig

ELEMENT	QUALITÄT	POLARITÄT	GEGENÜBER
Feuer	Veränderlich	Männlich (aktiv)	Zwilling

HAUSZUORDNUNG
9. Haus:
Glaube und Wissen

KÖRPERZUORDNUNG
Gesäß, unterer Hüftbereich, Oberschenkelknochen, Leber

SYMBOLE/FARBEN/PFLANZEN
Pfeil und Bogen, Violett, Blau, Löwenzahn, Narzisse

ARCHETYP
die*der Reisende, Guru, Lehrer*in, Gelehrte*r, Philosoph*in, Student*in, Freigeist

DEINE LERNAUFGABE

Verliere bei all deinen Reisen und deinem Streben nach Weite nicht deine wahren Ziele aus den Augen.

HERRSCHER
Saturn

Ich strukturiere

STEINBOCK

ARCHETYP
Die oder der Chef*in

♑

22. Dezember bis 20. Januar

ERLÖST/SONNENSEITE

Ich fühle mich in meinen Erfolgen anerkannt und kann für mich und andere Strukturen erschaffen.
Grenzen, Halt, Vertrauen, Prioritäten, Leistung, Ergebnisse, Integrität, Pflichtbewusstsein, Klarheit

UNERLÖST/SCHATTENSEITE

Ich halte starr fest an alten Mustern und Traditionen.
Kontrolle, Zynismus, Bitterkeit, falsches Pflichtgefühl, Unbeweglichkeit, Strenge, Freudlosigkeit, Ernst

Nach oben streben

strukturiert, pflichtbewusst, diszipliniert, weise

ELEMENT	QUALITÄT	POLARITÄT	GEGENÜBER
Erde	Kardinal	Weiblich (passiv)	Krebs

HAUSZUORDNUNG
10. Haus:
Karriere und Erfolg

KÖRPERZUORDNUNG
Knochengerüst, Gelenke, Kniebereich, Nägel, Zähne

SYMBOLE/FARBEN/PFLANZEN
der Steinbock (Tier), Braun, Grau, Erde, Baumstamm, Berggipfel, Mohnblumen

ARCHETYP
Autorität, Richter*in, Mentor*in, Unternehmer*in, Gesetzgeber*in, Familienoberhaupt

DEINE LERNAUFGABE
Schenke nicht nur den anderen Halt und Vertrauen, vertraue auch auf deine innere Stimme.

HERRSCHER
Uranus + (Saturn – traditionell)

Ich weiß

WASSERMANN

ARCHETYP
Die oder der Visionär*in

21. Januar bis 19. Februar

ERLÖST/SONNENSEITE

Mit meinen einzigartigen Ideen bringe ich viel frischen Wind in die Welt und mache sie zu einem besseren Ort.
Unangepasstheit, Autonomie, Individualität, Freiheit, Innovation, Fortschritt, Gemeinschaft, unabhängig, geistreich, Intellekt

UNERLÖST/SCHATTENSEITE

Ich verliere mich im Chaos, rebelliere gegen alles und jeden und bin unkonzentriert.
Entfremdung, Distanziertheit, Provokation, Arroganz, Unberechenbarkeit, Flucht, Gefühlskälte, Widersprüchlichkeit, Angst vor Bindung und Beständigkeit

Frei sein

originell, visionär, zukunftsorientiert, freiheitsliebend

ELEMENT
Luft

QUALITÄT
Fix

POLARITÄT
Männlich (aktiv)

GEGENÜBER
Löwe

HAUSZUORDNUNG
11. Haus: Gemeinschaft und Zukunftsvision

KÖRPERZUORDNUNG
Unterschenkel, Sehnen, Sprunggelenk, Sauerstoffversorgung, Nervensystem

SYMBOLE/FARBEN/PFLANZEN
Wasser, Stahlblau, Himmelblau, Himmel, Orchidee

ARCHETYP
Revolutionär*in, Wissenschaftler*in, Exzentriker*in, Rebell*in, Freigeist, Aktivist*in

DEINE LERNAUFGABE
Überwinde den Drang, ständig besonders und originell sein zu wollen, und komme zur Ruhe!

HERRSCHER
Neptun (+ Jupiter traditionell)

Ich spüre FISCHE

♓

20. Februar bis 20. März

ARCHETYP
Die oder der Träumer*in

ERLÖST/SONNENSEITE

Ich kann mitfühlen und träumen und dennoch mit Verstand und Geist Klarheit finden.
Fluide Anpassungsfähigkeit, Fantasie, Feinfühligkeit, Opferbereitschaft, Intuition, Heilung, mediale und feinstoffliche Gabe, Mitgefühl, Rückzug

UNERLÖST/SCHATTENSEITE

Ich verliere mich in Fantasien, Sucht und dem Wunsch nach Weltflucht.
Phlegmatisch, Haltlosigkeit, Sucht, undurchsichtig zu sein, unrealistisch, kein Abgrenzungsvermögen, Selbst-Aufopferung, Realitätsflucht

Im Flow sein

verträumt, kreativ, grenzenlos, heilend

ELEMENT
Wasser

QUALITÄT
Veränderlich

POLARITÄT
Weiblich (passiv)

GEGENÜBER
Jungfrau

HAUSZUORDNUNG
12. Haus:
Spiritualität und Kunst

KÖRPERZUORDNUNG
Füße, Lymphsystem, Immunsystem, Dünndarm, Blut

SYMBOLE/FARBEN/PFLANZEN
Fische,
Blassgrün, Türkis,
Fisch, Wasser,
Lilie, Lotusblume

ARCHETYP
Künstler*in, Poet*in, Heiler*in, Schöpfer*in, Märtyrer*in

DEINE LERNAUFGABE
Lebe deine spirituelle Erfahrung. Bringe deine kreativen Ideen in die Welt!

DIE DEKADEN, TIERKREISUNTERTEILUNG

Häufig hast du vielleicht schon von **Dekaden** gehört und liest beispielsweise in einem Jahreshoroskop, dass es dem Krebs der 2. Dekade in einem Jahr vielleicht in leichter Abweichung anders ergehen soll als dem Krebs der 1. Dekade. Das liegt daran, dass die jeweiligen Planetenwirkungen auf ihre genauen Gradwirkungen im Horoskop beschrieben werden.

Was sind Dekaden? Die 12 Tierkreiszeichen nehmen von den 360 Grad jeweils 30 Grad ein. Für die Berechnung der Dekaden werden sie in 3 verschiedene Dekaden/Abschnitte zu jeweils 10 Grad unterteilt und den jeweiligen Elementengeschwistern nach Zeichen und Herrscherplanet zugeordnet.

Das bedeutet z.B., dass ich mit meinem Geburtstag am 6. Juni in der 2. Dekade Zwillinge (10°-19° 59‘) geboren bin und so mit einer Note Waage und der Planetenenergie-Färbung der Venusenergie. Passt recht gut zu mir!

Zeichen	1. Dekade 01°- 9° 59‘	2. Dekade 10°-19° 59‘	3. Dekade 20°-29° 59‘
Widder-	21.03.-31.03. Widder/Mars	01.04.-10.04. Löwe/Sonne	11.04.-20.04. Schütze/Jupiter
Stier-	21.04.-30.04. Stier/Venus	01.05.-10.05. Jungfrau/Merkur	11.05.-20.05. Steinbock/Saturn
Zwillinge-	21.05.-31.05. Zwillinge/Merkur	01.06.-11.06. Waage/Venus	2.06.-21.06. Wassermann/ Uranus
Krebs-	22.06.-01.07. Krebs/Mond	02.07.-12.07. Skorpion/Pluto	13.07.-22.07. Fische/Neptun
Löwe-	23.07.-02.08. Löwe/Sonne	03.08.-12.08. Schütze/Jupiter	13.08.-23.08. Widder/Mars

Zeichen	1. Dekade 01°- 9° 59'	2. Dekade 10°-19° 59'	3. Dekade 20°-29° 59'
Jungfrau-	24.08.-02.09. Jungfrau/Merkur	03.09.-12.09. Steinbock/Saturn	13.09.-23.09. Stier/Venus
Waage-	24.09.-03.10. Waage/Venus	04.10.-13.10. Wassermann/ Uranus	14.10.-23.10. Zwillinge/Merkur
Skorpion-	24.10.-02.11. Skorpion/Pluto	03.11.-12.11. Fische/Neptun	13.11.-22.11. Krebs/Mond
Schütze-	23.11.-02.12. Schütze/Jupiter	03.12.-12.12. Widder/Mars	13.12.-21.12. Löwe/Sonne
Steinbock-	22.12.-31.12. Steinbock/Saturn	01.01.-10.01. Stier/Venus	11.01.-20.01. Jungfrau/Merkur
Wasser- mann-	21.01.-30.01. Wassermann/ Uranus	31.01.-09.02. Zwillinge/Merkur	10.02.-19.02. Waage/Venus
Fische-	20.02.-01.03. Fische/Neptun	02.03.-10.03. Krebs/Mond	11.03.-20.03. Skorpion/Pluto

Meine Beobachtung

Die in der 1. Dekade Geborenen eines bestimmten Sonnenzeichens sind die intensivsten in diesem Zeichen, die in der 2. Dekade sind weniger extrem, eher abgeschwächt, im Allgemeinen sind sie ausgeglichenere Individuen; die in der 3. Dekade sind wie Sternzeichen/Mischwesen zwischen dem primären Zeichen und dem nachfolgenden und oftmals schwerer greifbar.

DIE VIER ELEMENTE

Die vier Elemente sind in deinem Horoskop wie die vier grundlegenden Aspekte des menschlichen Bewusstseins zu sehen, die nach Ausgewogenheit und Harmonie streben. Ziel jedes spirituellen Prozesses ist es demnach, die vier Elemente in unserem Sein und Alltag in Einklang zu bringen, denn nur so sind seelische und geistige Gesundheit, Glück und Harmonie zu verwirklichen. Um über die Grundnatur eines Menschen mehr zu erfahren, kann man herausfinden, wie die Verteilung im eigenen Geburtshoroskop gestaltet ist! Gibt es von einem Element zu wenig oder gar zu viel? Welche sind recht gut ausgeglichen in dir präsent?

Die Verteilung ergibt sich u.a. aus der Berechnung der wichtigsten Achsen/Planeten bzw. die Anzahl der jeweiligen Zeichen, siehe S. 45–47.

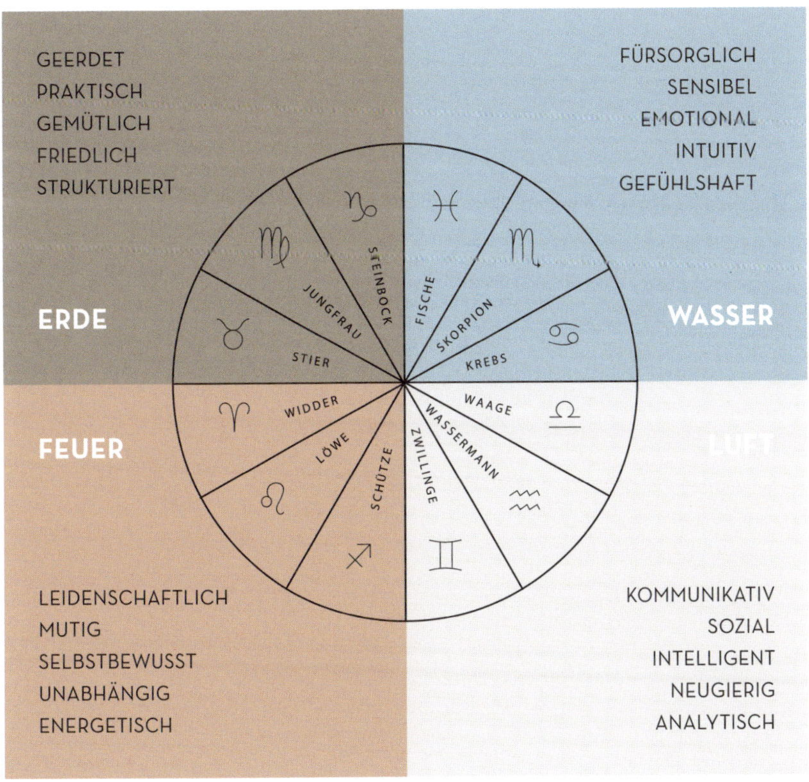

ELEMENTE
ÜBERBLICK

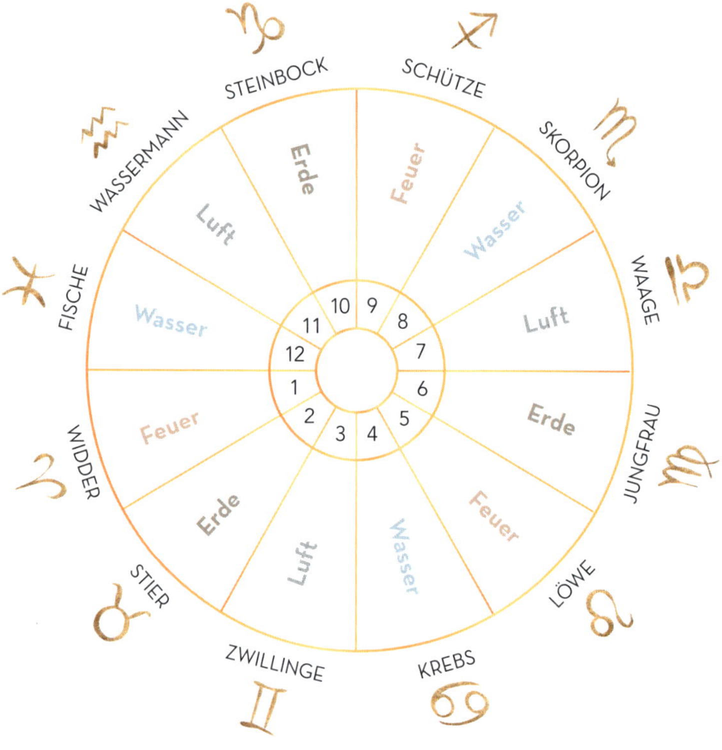

Interessanter Fakt

Die Zuordnung der einzelnen Tierkreiszeichen zu bestimmten Elementen geht auf den Wissenschaftler Claudius Ptolemäus zurück, der im zweiten Jahrhundert nach Christus jeweils drei verschiedene Tierkreiszeichen einem Element zuordnete.

So stärkt man die einzelnen Elemente

Hier findest du Anregungen, was du machen kannst, um die einzelnen Elemente in deinem Leben zu stärken.

Klar ist, dass wenn du bereits stark in einem Element bist, dir die genannten Tätigkeiten hier grundsätzlich meist sehr liegen.

Feuer	Erde	Luft	Wasser
der eigenen Neugier folgen, der Lebensfreude folgen, Visionen vertrauen, beim Sport auspowern, für etwas brennen, auf das eigene Herz hören	die eigene Kraft in der Ruhe finden und in der Natur, Verbindung zu Tieren und Pflanzen, auf den Körper hören, Ernährung, strukturieren, berühren	schreiben, zuhören, sprechen, Gefühle in Wort und Schrift formulieren, kommunizieren, mehr Leichtigkeit leben und Abstand zu Gefühlen finden, Geist und Intellekt fördern	Meer, See, ausgiebige Dusche, Bad, Wasserklängen lauschen, auf die Intuition vertrauen, Gefühle und Stimmungen annehmen, Beschäftigung mit Mondphasen

★ *Welche der vier Elemente überwiegen in deinem Geburtshoroskop, auf die du in dir selbst zurückgreifen kannst, welche musst du dir eher im Außen holen?*
Du kannst dir auch abschauen, wie andere diese Elemente stark leben, zum Beispiel in Berufen, Hobbies oder Eigenschaften. Welche Elemente vertreten deine Freund*innen, Partner*innen, Kolleg*innen, Familienangehörige?

ELEMENTEVERTEILUNG

GEWICHTUNG DER ELEMENTE IN DEINEM HOROSKOP

Feuer: Widder, Löwe, Schütze
Erde: Stier, Jungfrau, Steinbock

Luft: Waage, Wassermann, Zwillinge
Wasser: Krebs, Skorpion, Fische

★ *Welches ist dein stärkstes Element im Horoskop? Oder sind es gleich mehrere? Gibt es von einem Element zu wenig oder gar zu viel? Welche sind recht gut ausgeglichen in dir präsent? Welches Element ist am schwächsten in deinem Horoskop besetzt?*

★ *Wie sehr merkst du diese Dominanz oder das Fehlen von Elementen in deinem Alltag? Oder gehörst du zu denjenigen, deren Elementeverteilung recht ausgewogen ist?*

★ So kannst du herausfinden, wie die Verteilung in deinem Geburtshoroskop gestaltet ist:

	K	F	V
Fe			⛢
Lu	AC	☽ ♃	☉ ☿ ♂ ⚷
Er	♆	♀ ☊	
Wa	MC	♄ ♇	

(Diese Tabelle findest du rechts unter der Radix in deinem Horoskop von astro.com) Wie du siehst, ist hier die Luft am stärksten, das ist mein Horoskop, siehe auch S. 11–12. Aber: Wichtig ist auch zur erwähnen, dass es hier eine Gewichtung der Planeten/Achsen gibt, ergo: bestimmte Horoskop-Planeten und z.B. der AC (Aszendent) und MC (Medium Coeli) stärker in der Elementeverteilung berechnet werden. Nach meiner Erfahrung hat sich diese Gewichtung in der Praxis bewährt.

10 Punkte	8 Punkte	6 Punkte	5 Punkte	4 Punkte
AC ☉ ☾	MC	☿ ♀ ♂	♃ ♄	⛢ / ♅ ♆ ♇ / ♇ ☊

So solltest du dir händisch auf einem Blatt eine kleine (Rechen-) Liste machen:

Feuer:

Luft:

Erde:

Wasser:

Berechne anhand der Gewichtung die Elementeverteilung. Das sieht in meinem Fall wie folgt aus:

Feuer: ⛢ Uranus (4) = **4**

Luft: Ac (10)
+ ☽ Mond (10)
+ ♃ Jupiter (5)
+ ☉ Sonne (10)
+ ☿ Merkur (6)
+ ♂ Mars (6) = **47**

Erde: ♆ Neptun (4)
+ ♀ Venus (6)
+ ☊ Aufsteigender Mondknoten (4) = **14**

Wasser: MC (8)
+ ♄ Saturn (5)
+ ♇ Pluto (4) = **17**

***Anmerkung:** Wir vernachlässigen in dieser Rechnung bewusst Chiron. Lilith bekommt 2 Punkte Gewichtung und der Glückspunkt 1 Punkt Gewichtung, was mir in meinem Fall noch etwas mehr Erde, aber auch mehr Luft schenkt.

Hinweis: Bitte nicht wundern, unterschiedliche Programme, Apps etc. berechnen nach ihren Gewichtungen, aber dennoch kann man immer eine grundsätzliche Tendenz mit der Punkteverteilung für die Elemente herauslesen!

Mein Tipp: Über diese Internetseite: https://horoscopes.astro-seek.com/dominant-planets-astrology-online-calculator (Astroseek-englischsprachig) lässt sich auch eine prozentuale Verteilung errechnen: Diese kommt meiner Punkteverteilung im Prinzip auch sehr nahe, verwendet aber nochmal eine eigene Berechnungsart.

QUALITÄTEN

(KFV)

In der Astrologie sind die drei Modalitäten als **kardinal**, **fix** und **veränderlich** bekannt. Du kannst sie in der Tabelle, auf der vorherigen Seite der Elementeverteilung als auch auf S. 12 sehen. Sie umfassen jeweils vier Zeichen und verleihen ihnen bestimmte Energien und Eigenschaften. Man kann so die Zeichen selbst auch nach jeder Jahreszeit definieren. Die kardinalen Zeichen: Widder, Krebs, Waage und Steinbock beginnen

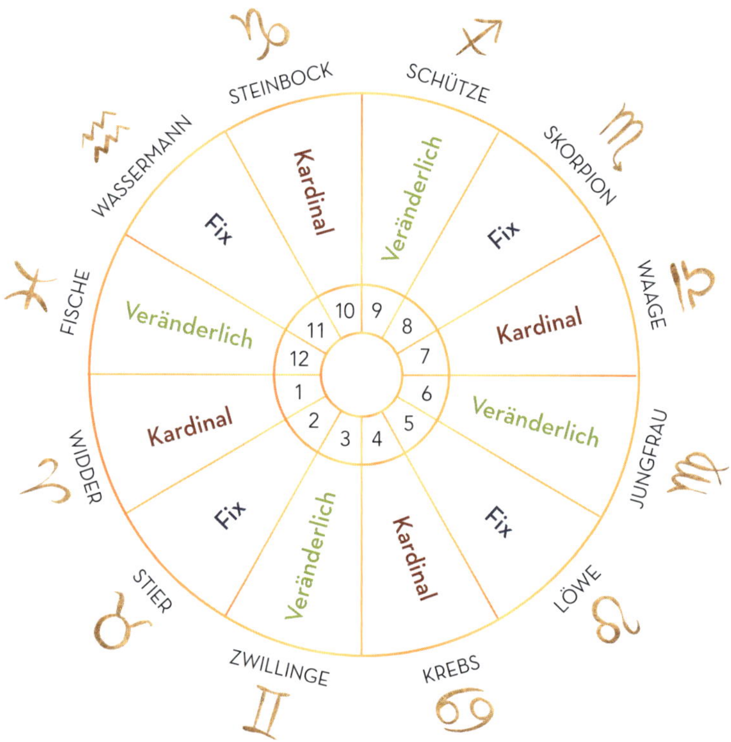

eine neue Jahreszeit, die fixen Zeichen: Stier, Löwe, Skorpion und Wassermann tragen die Mitte bzw. Fülle einer Jahreszeit und die veränderlichen Zeichen: Zwillinge, Jungfrau, Schütze und Fische stehen jeweils im Übergang der Jahreszeiten.

Kardinal	Fix	Veränderlich
anstiftend aktiver Beginnergeist initiieren ruhelos/Hektik energiegeladen tatkräftig antreibend ehrgeizig zielgerichtet	konzentriert strategisch bestimmt/fanatisch beharrlich verlässlich hartnäckig eigensinnig unflexibel willensstark nachdenklich	flexibel Mitläufer/verschlagen Anpassungsfähigkeit umtriebig/Hans Dampf variabel/unzuverlässig freundlich flatterhaft ruhelos ideenreich intuitiv

★ *Welche Qualitäten sind bei dir am stärksten vertreten und prägen damit vermutlich dein Temperament? Welche sind eher schwächer? Vielleicht kannst du mit Hilfe der Liste versuchen, einige »Schwächen« bewusst zu kompensieren?*

POLARITÄTEN/OPPOSITIONEN

Die Elemente lassen sich in Polaritäten bzw. Geschlechter aufteilen. Die Einteilung steht für die Pole wie: Plus oder Minus, Aktiv oder Passiv oder Yin oder Yang usw. Mit dem Geschlecht bist nicht du als Mensch gemeint, sondern die entweder weibliche oder männliche Energie, die das jeweilige Sternzeichen bestimmt.

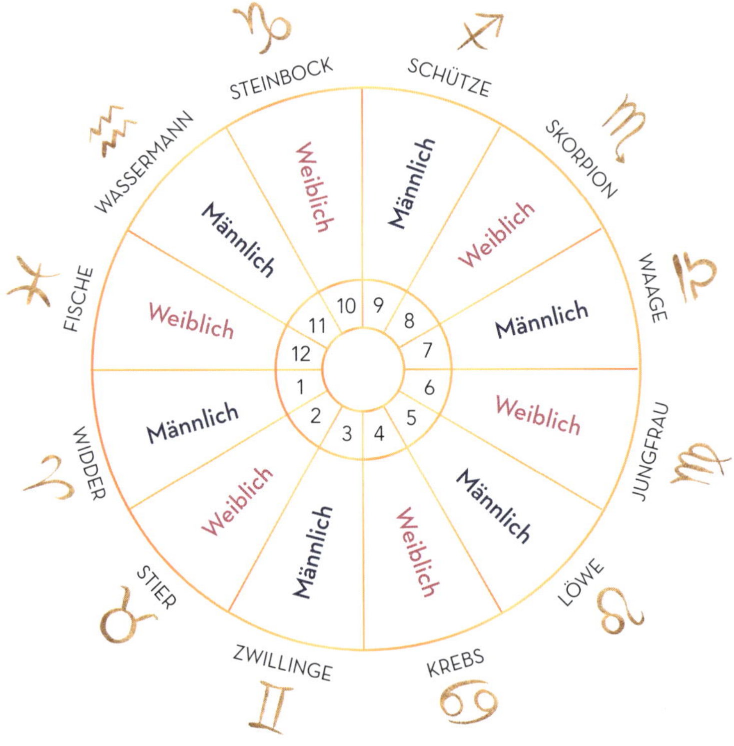

MÄNNLICH (YANG)	WEIBLICH (YIN)
Feuer- und Luftzeichen sind eher extrovertiert, objektiv und selbstbewusst.	**Erd- und Wasserzeichen sind eher introvertiert, subjektiv und empfangend.**
Widder Löwe Schütze Zwilling Waage Wassermann	Stier Jungfrau Steinbock Krebs Skorpion Fische

Oppositionen (entsprechen auch Aspekt: Opposition)

Diese Sternzeichen stehen sich gegenüber. Auch in ihren Grundthematiken haben sie somit Trigger-Potenzial und bilden so die Grundlage vor allem für die Deutung von AC und DC. Siehe S. 53–55.

Widder (Ich)	Waage (Du)
Stier (Festhalten)	Skorpion (Loslassen)
Zwillinge (Wissen)	Schütze (Glauben)
Krebs (Milde)	Steinbock (Strenge)
Löwe (Bühne)	Wassermann (Gemeinschaft)
Jungfrau (Realität)	Fische (Fantasie)

DIE 12 HÄUSER

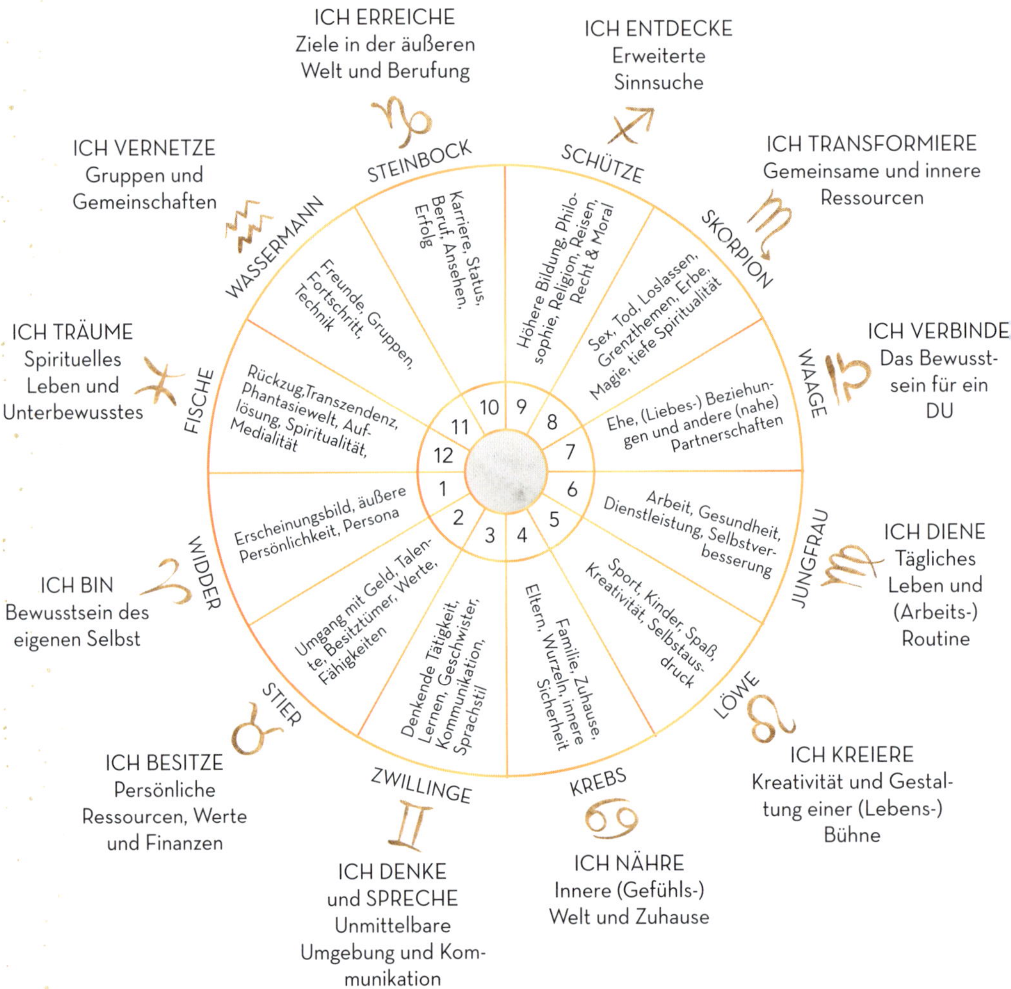

Das Geburtshoroskop ist in 12 Abschnitte unterteilt, die die **Häuser** bilden.

Die Planeten zum Zeitpunkt deiner Geburt können in diesen verschiedenen »Häusern« – die den Sternzeichen von 1–12 zugeordnet sind – stehen. Dies bedeutet ganz einfach, dass dort in dem Bereich des Hauses die Energieentfaltung des jeweiligen Planeten stattfindet. Somit entfaltet sich die Sonne, die für unser Wesen (unsere Grundqualität) steht, in einem Zeichen zu unserer Geburt und ist damit unser sogenanntes Sternzeichen.

Das zeigt auch das Beispiel meines Horoskops auf S. 11–12. Diese zwölf Häuser stehen in einem Horoskop für unterschiedliche **Lebensbereiche**, wie z. B. Karriere, Geld, Beziehungen und Freundschaft. Sie sind gegen den Uhrzeigersinn nummeriert, beginnend mit der linken Mitte, der AC-Linie.

Jedes Haus steht für einen grundlegenden Lebensbereich oder Aktivität der*s Horoskopbesitzer*in. Natürlich modifizieren sich die Bedeutungen der Häuser, wenn sie mit Licht (Sonne oder Mond), Planeten oder weiteren Horoskopfaktoren besetzt sind.

Häuserspitzen/Hauptachsen und Lesart des Horoskops

Die Radix ist in 12 gleichgroße Kuchenstücke, die sogenannten Häuser, unterteilt. Die Anfänge werden auch als **Häuserspitzen** bezeichnet, zwischen ihnen verlaufen die Achsen.
Die nachfolgend beschriebenen Achsen sind die sogenannten Hauptachsen zwischen dem 1. und 7. Haus und dem 4. und 10. Haus.

Ein Horoskop wird gegen den Uhrzeigersinn gelesen, wobei die horizontale Linie fett (in Lila) des AC (Aszendenten) das 1. Haus abgrenzt. Mein Aszendent steht auf etwa 3 Grad im Zeichen Waage.

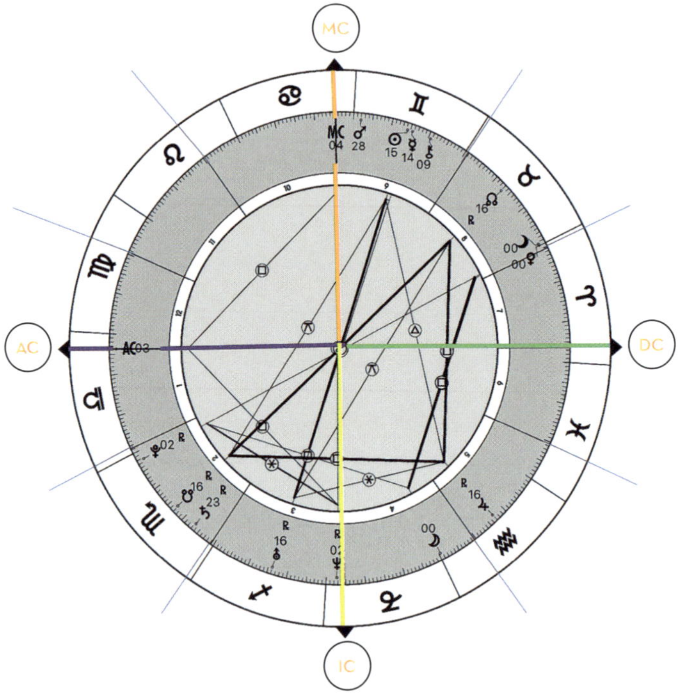

Der **Aszendent**, auch als aufsteigendes Zeichen bekannt, ist der am weitesten links liegende Punkt der östlichen Horizontlinie.

Achtung: Ich wiederhole mich an dieser Stelle gerne: Die Häuserlinien sind nicht zu verwechseln mit den Linien, die den Bereich der Sternzeichen am äußeren Rand definieren! Daher sind sie in dieser Darstellung extra fein verlängert und du darfst das auch mit einem Bleistift machen.

Wir folgen den Häusern gegen den Uhrzeigersinn: Die nächste feine Linie stellt extra verlängert die 2. Hausspitze dar, die nächste feine Linie danach ist die 3. Hausspitze, die danach ist die 4. Hausspitze (auch fett und in Gelb als IC bezeichnet, bei mir im Steinbock), die für den Imum Coeli steht.
Imum Coeli, abgekürzt IC, ist Latein und bedeutet »Tiefe des Himmels«. Es bezieht sich auf den nördlichsten Punkt am Sternenhimmel, der zum

Zeitpunkt der Geburt eines Menschen den niedrigsten Stand auf der Ekliptik erreicht hat. Auf der DC (steht für Deszendent – den*die ideale*n Partner*in, eine innere oder eben durch andere Menschen äußere Ergänzung) ist die 7. Hausspitze (in fett und Grün), bei mir im Widder. Dies ist das Zeichen, das zum Zeitpunkt deiner Geburt am westlichen Horizont unterging.

Merke dir: Sobald du deinen Aszendenten kennst, ist es auch einfach, deinen Deszendenten zu bestimmen, es ist einfach das gegenüberliegende Oppositionszeichen, siehe S. 69. Das gilt natürlich auch für die MC-IC-Achse!

Der MC steht für **Medium Coeli** (die Berufung, bei mir im Krebs) und ist die 10. Hausspitze (in fett und orange), auch Himmelsmitte genannt. Der Medium Coeli (MC) ist der Punkt, an dem die Ekliptik (der Tierkreis) den Längenmeridian kreuzt. Der Längenmeridian erstreckt sich in einer gedachten Linie vom Nordpol zum Südpol und verläuft durch diesen Ort, in der Radix dargestellt. Wenn die Sonne ihren höchsten Punkt über dem Horizont erreicht hat, befindet sie sich genau am Medium Coeli (MC), dem Längenmeridian. Die weiteren feinen verlängerten Linien stellen die übrigen Häuserspitzen dar. Der Kreis endet mit dem zwölften Haus.

Hauptachsen zusammengefasst: Aszendent, Imum Coeli, Deszendent und Medium Coeli:

- Der Aszendent (AC) beschreibt deine äußere Wirkung und Erscheinung.
- Das Imum Coeli (IC) gibt Auskunft über deine Seelenheimat.
- Der Deszendent (DC) gibt Auskunft über ideale Partner*innen und deren Eigenschaften.
- Das Medium Coeli (MC) ist wichtig für die Bestimmung deiner Berufung.

HÄUSER IN DEINEM HOROSKOP

Jedes Haus steht für einen grundlegenden Lebensbereich oder Aktivität der*s Horoskopbesitzer*in. Natürlich verändern sich die Bedeutungen der Häuser, wenn sie mit Planeten besetzt sind.

1

★ *Welches oder welche ist/sind das/die am stärksten betonte Haus (d.h. es stehen am meisten Planeten darin) bzw. Häuser in deinem Geburtshoroskop?*

2

★ *Wie erlebst du diesen Schwerpunkt der Lebensbereiche? Unabhängig davon: Was würdest du sagen, sind die wichtigsten Lebensbereiche für dich?*

Apropos zur ewigen Frage LEERE HÄUSER: Es ist wichtig, sich von Anfang an klarzumachen, dass **ein leeres Haus** nicht etwa bedeutet, dass es in diesem Lebensbereich keine Aktivität gibt. Auch wenn ein Haus leer ist, hat jedes Haus einen Planeten, der das Zeichen an seiner Spitze regiert.

Mehr dazu auch in den FAQs auf S. 177. Da es zwölf Häuser und nur zehn Planeten plus die weiteren Berechnungspunkte gibt, kann man unmöglich in jedem Haus einen Planeten haben.

Nochmal zum Verständnis: Wenn man die Astrologie mit der Schauspielerei bzw. einem Theaterstück vergleichen würde, würde man sagen: Die Planeten sind die Schauspieler, die Sternzeichen sind die Rollen, die sie spielen, und die Häuser sind die Schauplätze, Drehorte oder Situationen, in denen die Schauspieler ihre Rollen darstellen.

Der Planet, der das Zeichen auf der Häuserspitze regiert, wird als **Herrscher des Hauses** bezeichnet. Eine **Herrschaft ist grundsätzlich ein wichtiges Konzept in der Astrologie, siehe auch die Würden S. 67.**

Um zusätzliche Erkenntnisse über die Bedeutung eines Hauses in einem bestimmten Horoskop zu gewinnen, schaut man sich auch den planetarischen Herrscher des Hauses an und erkennt, wie dieser Lebensbereich dadurch geprägt wird.

QUADRANTEN

Die Radix können wir auch noch in die vier Quadranten einteilen, die sich am Beginn der Hauptachsen orientieren.
Der erste **Quadrant 1** umfasst die Häuser 1 bis 3: Hier geht es um die Bedürfnisse unseres Selbst, um die persönliche Entwicklung und Existenz im Leben.
Quadrant 2 umfasst die Häuser 4 bis 6: Hier kommen das Fühlen und Erfahren dazu.
Quadrant 3 umfasst die Häuser 7 bis 9: Hier begegnen wir der Außenwelt, kommen in Kontakt und erleben Beziehungen zu Anderen.
Quadrant 4 umfasst die Häuser 10 bis 12: Ab hier binden wir uns in das soziale Gefüge ein, bilden Lebensstrukturen und erfahren das Netzwerk des Lebens bis hin zur Auflösung in ein höheres spirituelles Netz.

Wenn einer oder mehr dieser Quadranten in deinem Horoskop betont ist, indem sich viele Planeten dort aufhalten, und die übrigen Quadranten so gut wie leer sind, dann steht das Thema/die Themen des/der Quadranten in deinem Leben im Vordergrund!

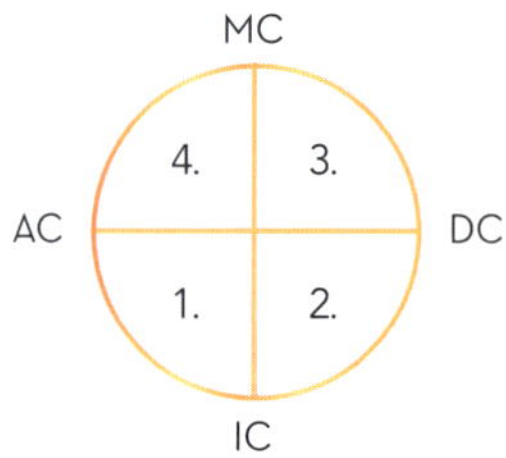

★ *Wie sehen die Quadranten bei dir im Horoskop aus? Was könnte das bedeuten?*

DIE PLANETEN

ÜBERBLICK

In deinem Horoskop sagt die Planetenstellung zum Zeitpunkt der Geburt durch ihre Position in den verschiedenen 12 Sternzeichen, der Häuserstellung und bildenden Aspekte zueinander viel über die Wirkweise deiner Lebensenergien aus. Dabei verweist jeder Planet auf besondere Qualitäten und Lernaufgaben der Seele.

Die Planeten stellen den sogenannten »beweglichen Teil« der Astrologie dar, weil sie unseren individuellen Ausdruck in der Welt und unseren Seelenweg durch ihre Energie prägen. Jeder Planet symbolisiert eine andere Komponente des Lebens. Psychologisch gesehen können wir sie ebenso als Bedürfnisse, aber auch Triebfedern bezeichnen:

Sonne, Mond, Merkur, Venus, Mars, Jupiter, Saturn, Uranus, Neptun und Pluto.

Von allen Planeten sind die beiden wichtigsten Planeten in der Astrologie für die Deutung deines Horoskops die sogenannten »Lichter«, das sind die Sonne und der Mond, die auch die sogenannten Big Three prägen, siehe S. 78.

Die verschiedenen Energien der Planeten, aber auch Berechnungspunkte wie Lilith und die Mondknoten oder Planetoid Chiron können je nach Haus und Zeichen, in dem sie stehen, stark in ihrer Wirkung variieren, siehe S. 152–172.

Tipp

Um noch mehr über die Wirkweise der Planeten zu erfahren, schlage ab S. 80 die einzelnen Kapitel hierzu im Workbook auf und erfahre, wie sich die einzelnen Planeten in ihrer Position in dem Zeichen und/oder Stellung in deinem Horoskop entfalten.

Die persönlichen Planeten: Venus, Merkur, Mars

Die Planeten Merkur, Venus und Mars haben viel mit unserem inneren und persönlichen Leben zu tun und befinden sich zwischen der Umlaufbahn der Erde und der Sonne. Diese Planeten haben während ihrer Reise durch die 12 Sternzeichen viel Einfluss auf unsere aktuelle Stimmung und Zeitqualität, weil sie sich recht schnell durch den Tierkreis bewegen und darin mehrmals im Jahr das Zeichen wechseln.

Venus
Keywords: Liebe, Schönheit, Wertschätzung, Schönheit, Kunst, Anziehungskraft, Stil, Erotik, Liebesbeziehungen, Genuss, Luxus, Verführung, Hingabe, Geschmack

Merkur
Keywords: Informationen, Denken, Ideen, Kommunikation, Sprache, Gedanken, Nerven, Vermittlung, Verstand, Gespräche, Intellekt, Lernen, Trick, Theorie, Logik, Nachricht

Mars
Keywords: Antrieb, innere Motivation, Wille, Initiative, Wettkampf, Kraft, Gewalt, Kampf, Sexualität, Eroberung, Sieg, Hitze, Dynamik, Ehrgeiz, Streit

Die sozialen oder gesellschaftlichen Planeten: Jupiter und Saturn

Jupiter und Saturn sind von den sichtbaren Planeten die am weitesten von der Erde entferntesten. Jupiter hat eine Umlaufzeit im Tierkreis von etwa einem Jahr und Saturn ca. 30 Monate.
Ihr astrologischer Einfluss färbt auf unser soziales Verhalten ab.

Jupiter:
Keywords: Erfolg, Großzügigkeit, Ideal, Tugend, Sinn, Glück, Wachstum, Weite, Optimismus, Überfluss, Expansion, Toleranz, Aufgeschlossenheit, Reise, Lernen, Philosophie

Saturn:
Keywords: Grenze, Entbehrung, Mangel, Realität, Ernst, Verantwortung, Pflicht, Verzicht, Tradition, Karma, Prüfung, Gesetz, Lebenslektion, Reife, Erwachsenwerden

Die äußeren oder Planeten der Generationen: Uranus, Neptun und Pluto

Es sind die Planeten Uranus, Neptun und Pluto, die am Himmel nicht sichtbar und deren Zyklen länger sind als die durchschnittliche Reise durch den Tierkreis der anderen Planeten. Die Energien dieser Planeten geben uns Astrolog*innen Auskunft über unser Leben jenseits der Zeit an. Hier finden wir Informationen darüber, wie wir uns selbst verändern (Uranus), wie wir unsere Erfahrungen spirituell und geistig verstehen (Neptun) und wie wir von ihnen abhängen und uns mit ihnen identifizieren (Pluto). Diese drei Planeten nennt man in der Astrologie auch Generationsplaneten, weil wir uns die Prägung in den Sternzeichen durch die lange Verweildauer in einem Zeichen mit vielen anderen teilen. Persönlich aufschlussreicher ist die Interpretation der Stellung im Geburtshoroskop, wenn man das Haus, in dem einer der drei steht, einzeln betrachtet.

Uranus
Keywords: Originalität, Unabhängigkeit, Rebellion, Befreiung, Idee, Zeitgeist, Veränderung, Trennung, Revolution, Ungewöhnliches, Neubeginn, Wandel, Ideen, Innovation, Ausbruch, Freiheit

Neptun
Keywords: Sucht, Traum, Sehnsucht, Empfänglichkeit, Verwirrung, Täuschung, Illusion, Rausch, Fantasie, Kunst, Hellsicht, Ideale, Märchen, Geist, Spiritualität

Pluto
Macht, Schatten, Karma, Mystik, (Familien-)Geheimnis, Sexualität, Intensität, Verdrängung, Grenzüberschreitung, Schmerz, tiefer Wandel, Ahnen

Uranus verweilt etwa sieben Jahre in einem Zeichen, manchmal etwas länger, wenn er rückläufig ist, siehe auch S. 137-140, und er braucht 84 Jahre, um den gesamten Tierkreis zu durchlaufen – also so ziemlich eine Generation.

Neptun verbringt etwa 14 Jahre in jedem Zeichen, ebenso mit gelegentlichen kürzeren Abstechern in benachbarte Zeichen, wenn er rückläufig ist, und braucht etwa 164 Jahre, um den gesamten Tierkreis zu durchlaufen.

Plutos Umlaufbahn ist extrem eigen und man geht von etwa 14 bis 31 Jahren aus, die er in einem Zeichen verbringt.

Planet	Symbol	Symbolisiert	Sternzeichen	Zyklus ca.	Aufenthalt in jedem Zeichen ca.
Sonne	☉	Wesen, Ego, Vitalität, Kreativität, Identität (oft auch Vater im Horoskop)	Löwe	365 Tage	1 Monat
Mond	☽	Mütterliche Energie, Bedürfnisse, Instinkt, Emotionen, Fürsorge	Krebs	29 Tage	2-3 Tage
Merkur	☿	Kommunikation, Geist, Intellekt, Informationsaustausch	Zwillinge & Jungfrau	88 Tage	3-4 Wochen
Venus	♀	Liebe, Schönheit, Anziehungskraft, Geld, Genuss, Kreativität	Waage & Stier	225 Tage	4-5 Wochen
Mars	♂	Aktion, Trieb, Power, Verlangen, Leidenschaft, Kampfgeist	Widder	687 Tage	6-7 Wochen

Planet	Symbol	Symbolisiert	Sternzeichen	Zyklus ca.	Aufenthalt in jedem Zeichen ca.
Jupiter	♃	Glück, Wachstum, Fülle, Optimismus, Übertreibung	Schütze	12 Jahre	12–13 Monate
Saturn	♄	Struktur, Verantwortung, Einschränkung, Disziplin	Steinbock	29 Jahre	2–3 Jahre
Uranus	⛢ ♅	Rebellion, Innovation, Freiheit, Wandel, Veränderung	Wassermann	84 Jahre	7 Jahre
Neptun	♆ ♆	Spiritualität, Illusion, Vorstellungskraft, Träume, Intuition	Fische	164 Jahre	10–14 Jahre
Pluto	⯓ ♇	Karma, Grenzen, Schattenthemen, Transformation	Skorpion	248 Jahre	14–31 Jahre

ASTROLOGISCHE BERECHNUNGSPUNKTE: KARMISCHE BEDINGUNGEN IN DEINEM HOROSKOP

Zu den Planeten, die astrologisch ein Horoskop prägen, gibt es auch Himmelskörper wie Chiron, mehr auch auf S. 152, und Berechnungspunkte wie Lilith, S. 157, und die Mondknoten, S. 164, in der Ekliptik der Sonnenumlaufbahn. Diese sind vor allem in der spirituelleren und karmischen Astrologie von Bedeutung.

Chiron: Innere Heilung

Der Himmelskörper Chiron wurde erst im Jahr 1977 entdeckt und ist somit in der Astrologie eher eine neuere Deutungsenergie. Er symbolisiert unseren Schmerz, der angenommen und geheilt, aufgelöst und in eine neue Erfahrungswelt übertragen werden will, in der wir uns auch leichter spirituellen Praktiken gegenüber öffnen. In unserem Horoskop verweist er auf die Anteile, vielleicht gar verborgenen Talente im Leben hin, die du vielleicht aus Angst, abgelehnt oder nicht geliebt zu werden, versteckt hältst.

Lilith: Wilde Weiblichkeit

In der Astrologie ist Lilith ein fiktiver Planet: kein echter Himmelskörper, vielmehr ein bestimmter berechneter Punkt im Horoskop. Lilith wird auch als »Schwarzer Mond« bezeichnet. In einem Horoskop gilt Lilith als energiereicher Ausgangspunkt unserer Bemühungen, unsere Schatten in der aktuellen Inkarnation zu überwinden. Lilith ist ähnlich wie Saturn Hinweis auf eine Lebenslektion, allerdings mehr in einer weiblichen mystischen Note. Wenn wir auf die Kernthemen unserer inneren karmischen wilden Weiblichkeit (das gilt auch für Männer) kommen, können wir einen anziehenden Magnetismus aktivieren.

Nördlicher Mondknoten: Neues Lebensziel

Der nördliche Mondknoten kann als Leitfaden für unsere Seele betrachtet werden, der uns aufzeigt, welche Themen und Erfahrungen in diesem Leben von Bedeutung sind und wie wir uns weiterentwickeln können. Er zeigt uns den Weg, dem unsere Seele in diesem Leben folgen möchte. Dabei geht es darum, die Qualitäten und Eigenschaften des Tierkreiszeichens, in dem der nördliche Mondknoten steht, in unser Leben zu integrieren und in Einklang mit den Themen des südlichen Mondknotens zu bringen. Diese Herausforderung kann uns dabei helfen, unser volles Potenzial zu entfalten und uns auf unserem spirituellen Weg zu entwickeln.

Südlicher Mondknoten: Altes Karma

Der südliche Mondknoten repräsentiert einen Aspekt unserer Persönlichkeit, der in vergangenen Leben stark ausgeprägt war. Diese karmischen Überreste und Glaubenssätze wollen in diesem Leben überwunden werden, da sie uns oft noch belasten und sich wie sich wiederholende Probleme anfühlen.

Es geht darum, die Schattenaspekte des südlichen Mondknotens hinter sich zu lassen, darin aber auch eine mitgebrachte Fähigkeit zu erkennen und stattdessen immer mehr den Qualitäten und Themen des nördlichen Mondknotens zu folgen. Dadurch können wir uns weiterentwickeln und aus alten Mustern und vielleicht frühen familiären Prägungen ausbrechen.

Die Erlösung des Schicksals vom südlichen Mondknoten ist immer im nördlichen Mondknoten zu finden. Die Polaritäten der gegenüberliegenden Zeichen und der Karmawirkungsbereiche (Häuser) sind für unser inneres Wachstum in diesem Leben notwendig!
Siehe Deutungstabelle, S. 168.

Hinweis: In der tieferen Horoskopdeutung gibt es zudem noch einige weitere Berechnungspunkte, wie z. B. den Glückspunkt, Asteroiden oder Fixsterne, die zwar ebenso spannend sind, aber an dieser Stelle bewusst vernachlässigt werden. Ich möchte, dass du dir mit diesem Workbook zunächst ein fundiertes Grundwissen aufbaust.

KLASSISCHE WÜRDEN

Diese astrologische Deutungsgrundlage wurde ursprünglich in der Antike konzipiert, als Männer (noch) dominierten. Sie sind aber noch heute wichtig für uns, um Spielregeln in unserem Astrogame abzuleiten. Als Grundlage für die Zuordnungen orientierte man sich an den primären Archetypen der antiken Götter. Dies ist sehr wichtig und war die Grundlage der antiken Astrologen, warum wir überhaupt den Tierkreiszeichen bestimmte Planetenherrscher zuordnen. Wir dürfen uns damit die Planeten vorstellen wie strenge Hausherren, die je nachdem bestimmte Tierkreiszeichen prägen, und daher beeinflussen die Würden die jeweilige Planetenentfaltung.

Planet	Domizil	Exil	Erhöhung	Fall
Sonne	Löwe	Wassermann	Widder	Waage
Mond	Krebs	Steinbock	Stier	Skorpion
Merkur	Zwillinge Jungfrau	Schütze Fische	Wassermann	Löwe
Venus	Stier Waage	Skorpion Widder	Fische	Jungfrau
Mars	Widder (Skorpion)	Waage (Stier)	Steinbock	Krebs
Jupiter	Schütze (Fische)	Zwillinge (Jungfrau)	Krebs	Steinbock
Saturn	Steinbock (Wassermann)	Krebs (Löwe)	Waage	Widder

Wichtige Anmerkung: Die klassischen Würden beziehen sich natürlich rein auf die klassischen Planeten und ihre Herrscher, also vor der Entdeckung von Pluto, Uranus, Neptun in der Neuzeit. Daher findest du hier auch die traditionelle Zuteilung. Es gibt auch noch eine dritte positive Würde: Triplizität.
Angelehnt an jeweils 3 Elementvertreter, diese ist aber meines Erachtens für eine Deutung nicht so wichtig und relevant.

DIE WICHTIGSTEN ASPEKTE

INTERAKTIONEN UND VERBINDUNGEN

Man kann sich das am besten so vorstellen:
So wie auch alle Personen in einem Familiensystem aufeinander einwirken, wirken auch die Planeten aufeinander ein und beeinflussen so die Energien des jeweils anderen Planeten. Sie zeigen an, wie eine Person die verschiedenen Energien oder Facetten der eigenen Persönlichkeit kombiniert und im besten Fall ausbalanciert.

Es ist auch eigentlich ganz simpel: Wenn Planeten eine bestimmte Anzahl von Graden voneinander entfernt stehen, sagt man, sie stehen in einem **Aspekt** zueinander. Aspekte sind von großem Wert, wenn es darum geht, nochmal tiefer in die einzelnen Konstellationen in einem Horoskop einzusteigen oder auch u.a. Ereignisse und tägliche Horoskope zu erstellen. Einige Aspekte gelten als **harmonisch** (Trigon und Sextil), andere als **herausfordernd** (Quadrat und Opposition), sie gelten als spannungserzeugend, stimulierend oder sogar provozierend/triggernd, wenn man so will.

Konjunktionen können günstig oder herausfordernd sein, je nachdem, welche Planeten beteiligt sind. Günstige oder harmonische Aspekte sind befriedend, erleichternd oder leicht.

Konjunktionen 0–8 Grad

Die **Konjunktion** ist eine energiereiche Verbindung zweier Planeten dicht beieinander in einem Sternzeichen. Auch gelten die Aspekte für laufende Transite, d.h. die laufenden Planetenbewegungen, über die man in astrologischen Zeitberichten lesen kann.
Eine Konjunktion gilt als der stärkste Aspekt und ist eine sogenannte **Spannung**. Verbinden sich zwei Planeten im selben (Stern-)Zeichen nah beieinander, so können sie keinen Winkel bilden. Sie stehen dann in Verbindung, also in einer Konjunktion zusammen. Wenn die Energien der beteiligten Planeten gut miteinander harmonieren, dann kann dies ein großartiger Aspekt sein, der ein hohes Aktionspotenzial beinhaltet.

Oppositionen

Eine **Opposition** ist ein Aspekt, bei dem sich Planeten oder Energien fast grad-genau gegenüberstehen, etwa 180° voneinander entfernt. Zwei im Horoskop völlig entgegengesetzte Kräfte auf der Achse, die sich gegenüberstehen im Tierkreis, wie z.B. Widder und Waage. Die Opposition gilt als Spannung, da hier gegensätzliche Kräfte aufeinandertreffen. Im Geburtshoroskop zeigen Oppositionen angeborene Widersprüche. Achte auch darauf, in welchen Häusern sie sich befinden. Das zeigt, in welchem Bereich deines Lebens sich Widersprüche am meisten bemerkbar machen. Mit vielen Oppositionen im Horoskop wirst du dich oft wie hin- und hergerissen fühlen.

Oppositionsachsen und Häuser

- **Widder** (1. Haus) & **Waage** (7. Haus): Der kämpferische Widder steht der friedliebenden Waage gegenüber
- **Stier** (2. Haus) & **Skorpion** (8. Haus): Der sicherheitsliebende Stier steht dem völlig losgelösten Skorpion gegenüber
- **Zwillinge** (3. Haus) & **Schütze** (9. Haus): Der wissbegierige Schubladendenker Zwilling steht dem Welt-Guru Schütze gegenüber
- **Krebs** (4. Haus) & **Steinbock** (10. Haus): Der fürsorgliche Krebs steht dem strengen Steinbock gegenüber
- **Löwe** (5. Haus) & **Wassermann** (11. Haus): Der bühnenstarke Löwe steht dem rebellischen Wassermann gegenüber
- **Jungfrau** (6. Haus) & **Fische** (12. Haus): Die vernünftige Jungfrau steht den verträumten Fischen gegenüber

Meine Anmerkung: Da es m. E. für Astroneulinge schon eine Herausforderung darstellen kann, sich mit Aspekten auseinanderzusetzen, habe ich in diesem Workbook lediglich eine Liste mit Keywords für einige Sonnenaspekte zum Verständnis auf S.184 aufgelistet. Sonnenaspekte wären auch aus meiner Erfahrung die Aspekte, die man sich als Erstes in einem Geburtshoroskop ansehen sollte, wenn überhaupt. Dennoch darfst du dich auch mal unter »Weitere Deutungsideen« auf S. 183 zur Deutung weiterer Aspekte inspirieren lassen.

Hilfreich können dir hierzu auch meine Astro-Cards sein, weil sie dir einen Perspektivwechsel schenken und das Thema erleichtern, wenn du hier mit den jeweiligen Aspektkarten und ihren Deutungen im Booklet arbeitest.

Wenn du dich trotz meiner Erklärungen auch immer noch nicht mit dem Thema anfreunden kannst, macht es auch nichts, wenn du erstmal die wichtigsten Interpretationsschritte ohne diese gehst und sie in deiner Betrachtung außen vorlässt.

Trigon bei 120°

Das **Trigon** ist einer der positivsten Aspekte. Dieser Aspekt wird gebildet, wenn zwei Planeten durch einen Winkel von 120° entfernt sind, d.h. dass sie einen Abstand von 4 Zeichen besitzen und im selben Element eine positive Wirkung »unterstützen«!

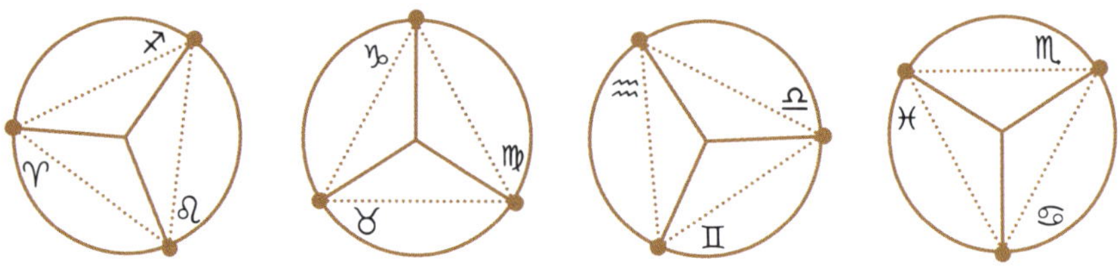

Feuer *Erde* *Luft* *Wasser*

unter den einzelnen Elementen

Sextile bei 60°

Ein **Sextil** ist ein Aspekt zwischen Planeten, die 60 Grad voneinander, also zwei Zeichen voneinander, entfernt sind. Planeten, die ein Sextil

zwischen den Feuer- und Luftzeichen

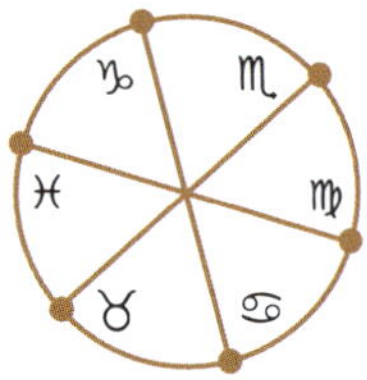

zwischen den Erd- und Wasserzeichen

bilden, zeigen im Horoskop Lebenschancen und Gelegenheiten auf, in deren Planeten- und Zeichenenergie man aktiv werden soll.

Quadrat bei 90°

Der **Quadrataspekt** gilt als schwieriger und provozierender als die Opposition. Ein Quadrat bildet sich, wenn zwei Planeten 90 Grad voneinander entfernt sind. 90 Grad entspricht der Länge von drei Tierkreiszeichen. Menschen mit den eindrucksvollsten Biografien, die im Leben am meisten erreichen, haben oft mit Quadraten und deren Komplikationen zu kämpfen.

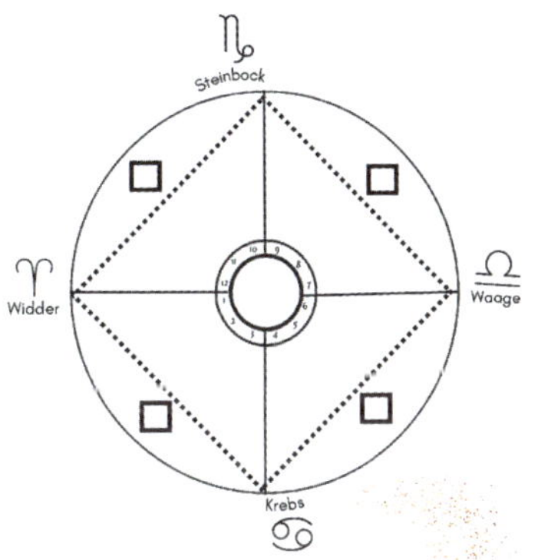

Kardinale Zeichen

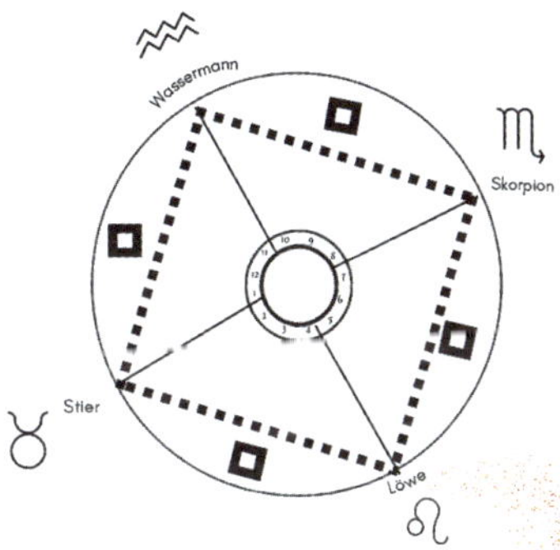

Fixe Zeichen

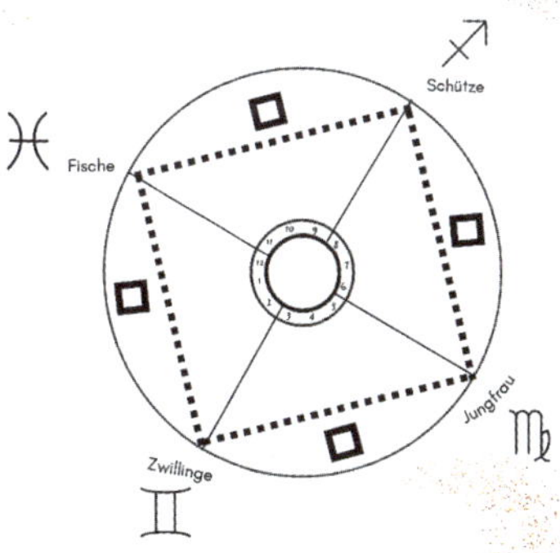

Veränderliche Zeichen

ASPEKTE IN DEINEM HOROSKOP

VERBINDUNGEN ZWISCHEN PLANETEN

1

★ *Bildet deine Sonne irgendwelche Aspekte zu den Planeten?*
Hierfür habe ich dir eine Deutungshilfe auf S. 184 bereitgestellt.
Was könnte das in deinem Fall bedeuten?

2

★ Idealerweise besteht ein Geburtshoroskop aus einem guten Gleichgewicht von Quadrat- und Trigon-Aspekten. Die Fähigkeiten der Trigone können genutzt werden, um eine Harmonie mit den Quadraten zu erreichen. *Wie siehst du das Verhältnis von Quadraten, Trigonen und Konjunktionen in deinem Horoskop intuitiv?*

Meine Anregung

Ich würde mich als Astroneuling in den ersten Schritten rein auf die Sonnenaspekte, siehe S. 184, Konjunktionen und Quadrate einlassen, wenn du die Astrologie lernen willst.

ZUSAMMENFASSUNG DEINES GRUNDWISSENS UND ERSTE SCHRITTE

Mit dem Grundwissen der ersten Seiten darfst du nun einen Blick auf dein Horoskop werfen, ohne dich allzu sehr auf die Details zu konzentrieren. Lehne dich zurück und entspann dich, sollte dir etwas unklar sein, kannst du immer noch wieder auf den entsprechenden Seiten die Astro-Grammatik nachlesen.

Die ersten wichtigsten Überlegungen und Gedanken, die deinen Blick begleiten dürfen, wären:

- Was sind deine Big Three? (S. 78)
- Schau mal, ob einige Häuser größer sind als andere (siehe S. 176) oder ob das gesamte Horoskop relativ ausgewogen ist. Gibt es Planetenballungen in bestimmten Häusern?
- Sieh nach, ob es eine Betonung von Planeten in einem bestimmten Element (Feuer, Erde, Luft oder Wasser) oder Modalität (kardinal, fix, veränderlich) gibt.
- Wie man die Elementedominanz berechnet, siehst du S. 45–47, und was die Modalitäten bedeuten, erfährst du auf S. 48.

Die zweiten wichtigsten Überlegungen und Analysen wären:

- Überprüfe, ob Planeten in deinem Horoskop in ihrem Domizil oder Erhöhung stehen, aber achte auch auf solche, die in ihrem Exil oder ihrem Fall stehen, siehe Würden S. 67.
- Analysiere deine Sonne, den Mond und den Aszendenten, die »Big Three« etwas genauer.
- Frage dich u.a., ob du dich mit dem Archetyp deines Sternzeichens überhaupt identifizieren kannst? Siehe S.27–38. Falls ganz und gar nicht, lies dir mal meine Gedanken dazu auf S. 173 (ASTRO FAQ) durch.
- Schau dir die Stellungen deiner Big Three auch im Hinblick auf die Würden, S. 67 an.

- Erforsche den Archetyp (dein Sonnenzeichen) und den Lebensbereich (Hausstellung deiner Sonne), auf den sich dieser Archetyp mit deiner Wesensentfaltung konzentriert.
- Spüre mal in dich hinein und frage dich, wie deine emotionalen Bedürfnisse erfüllt werden, aktuell im Leben und in deiner Kindheit: Analysiere das Zeichen und Haus deines Mondes, siehe S. 96.
- Dein Auftritt in der Welt, der durch deinen Aszendenten beeinflusst wird, wie stimmig ist der für dich? Kannst du noch mehr in diese Rolle und das Bild hineinwachsen, oder bist du es vielleicht schon zu sehr und hast dich womöglich darin verloren oder versteckst dein Wesen dahinter? Siehe S. 89–92.

Und noch ein wichtiger Hinweis: Mit der Zeit wirst du all die Symbole immer besser verstehen und die Bedeutung verinnerlichen.
Siehe Keywords zum Verständnis von diversen Sonnen-Aspekten auf S. 184 und weitere Deutungsideen ab S. 183 hinten im Workbook.

Sei stolz auf dich, all dies hast du schon gelernt:

- die Zeichen auf der Achse gegenüber (Oppositionen), ihre Modalitäten und Polaritäten,
- Tierkreiszeichen und ihre wichtigsten Eigenschaften, welchen Elementen sie zugehörig sind,
- welcher Planet ihr jeweiliger Herrscher ist,
- mit welchen Archetypen sie in Verbindung gebracht werden, welche ihre Sonnenseiten und Schattenseiten sind,
- Planetenherrscher, die Big Three uvm.

Nimm dieses Wissen als dein Navigationswerkzeug mit auf die Reise durch dein Horoskop, die auf den folgenden Seiten beginnt. Am Ende dieses Workbooks werden die Begriffe, Bilder, Themen, Energien und Symbole hoffentlich zu einem zusammenhängenden magischen Bild verschmelzen. Du wirst selbst ein Gefühl und eine eigene Herangehensweise entwickeln, wie du ein Geburtshoroskop betrachtest.

NOTIZEN

THE BIG THREE

WAS SIND DIE BIG THREE?

DEINE SONNE

Das Verstehen deines Sonnenzeichens auf einer tieferen Ebene ist der perfekte Weg, um die magische astrologische Reise der Selbstfindung zu beginnen. Es kann dir helfen, dich besser auf deine Stärken zu konzentrieren. Die meisten Menschen kennen nur dieses sogenannte Sternzeichen, welches das eigene Wesen und die innere Strahlkraft repräsentiert. Dabei bist du so viel mehr als »nur« dein Sonnenzeichen, denn da gibt es noch:

DEIN MONDZEICHEN

Der Mond und das Zeichen, in dem der Mond zum Zeitpunkt deiner Geburt stand, repräsentiert dein Innerstes. Dieses Innere offenbarst du in der Regel nur vertrauten Menschen, da es dein verletzlicher Kern ist.
Hier ist dein inneres Wohlgefühl und auch die Verletzlichkeit deines Inneren Kindes verborgen.

DEIN ASZENDENT

Während die Sonne unser Wesen offenbart und der Mond unsere Gefühle und unser Unterbewusstsein widerspiegelt, zeigt der Aszendent, wie wir in der Welt auftreten, und ebenso, welche wichtigen Entwicklungsthemen es gibt, denen wir im Laufe unseres Lebens begegnen werden.

Manchmal verbirgt man das eigene Wesen (Sonne) und die Gefühle (Mond), zeigt der Welt und Fremden nur den Aszendenten und setzt damit eine öffentliche Maske auf, beispielsweise im Bereich der Berufswelt.

THE BIG THREE – QUICK BLICK

Die folgende Tabelle kann dir helfen, dich selbst oder eine andere Person recht schnell astrologisch zu erfassen …

Sternzeichen	Symbol	☉ Sonne »Ich strahle, durch«	☾ Mond »Ich nähre mich durch«	Ac »Andere Menschen sehen mich als…«
Widder	♈	Stärke und Mut	Aktion	Pionier*in und Kämpfer*in
Stier	♉	Stabilität und Ruhe	Genuss und Sicherheit	sinnliche*r Genießer*in
Zwilling	♊	Intelligenz und Leichtigkeit	Kommunikation und Wissen	Storyteller und Clown
Krebs	♋	Liebe und Fürsorge	mein Zuhause und meine Familie	mütterlich und fürsorgend
Löwe	♌	Kreativität und Freude	Spaß und Applaus	(Löwen-)starkes Showtalent
Jungfrau	♍	Hilfsbereitschaft und Natürlichkeit	meine Routinen	organisiert und ordentlich
Waage	♎	Harmonie und Schönheit	Beziehungen	diplomatisch und freundlich
Skorpion	♏	Tiefgang und Kraft der Mystik	Gefühls-vertiefung	intensiv und geheimnisvoll
Schütze	♐	Optimismus und Abenteuerlust	Lernen und Reisen	abenteuerlustige*r Draufgänger*in
Steinbock	♑	Weisheit und innerer Halt	innere Strukturen und Vertrauen	zielgerichtet und vertrauensvoll
Wassermann	♒	Originalität und Fortschritt	Freiheit und Autonomie	eigensinnige*n Rebell*in
Fische	♓	Mitgefühl und Feingeist	Rückzug und Kreativität	verträumten Menschenfreund

PLANETEN-HERRSCHER des Löwen

DIE SONNE

Meine Grundenergie

1

In welchem Zeichen steht deine Sonne?
Was ist dein »Sternzeichen«?
Welcher Archetyp bestimmt dich am stärksten?
Aus welcher Grundenergie speist sich deine Lebenskraft?

2

Was sagt dein Sternzeichen und sein Archetyp über dich und dein grundsätzliches Wesen aus? Und wie erlebst du dies ganz konkret in deinem Leben? Wie würde dein Umfeld deinen Charakter beschreiben? Welche Grundenergie lässt dich vital sein?
In welchen Situationen kannst du dein Wesen besonders gut entfalten?
Notiere hier deine Gedanken:

Siehe Keywords zum Verständnis von diversen Sonnen-Aspekten auf S. 184.

3

★ *Welche Eigenschaften des jeweiligen Archetyps lebst du am stärksten?* Nimm dir hierzu gerne auch die Tabelle (S. 79) zur Hand und/oder lies im Astrocards-Booklet ab S. 35 zu deinem Sternzeichen nach …

4

★ In der psychologischen Astrologie arbeiten wir mit sogenannten »erlösten« oder »unerlösten« Seiten, bzw. Licht- oder Schattenseiten des Sternzeichen-Archetyps. *Wie sieht das bei dir aus? Welche Archetypen-Seiten scheinen in dir positiv entfaltet und an welchen Anteilen darfst du vielleicht noch arbeiten?*
Notiere hier deine Gedanken:

PLANETEN-HERRSCHER des Löwen

MEINE SONNE IM HAUS

Hier lebe ich meine Persönlichkeit, meine Lebenskraft und den Kern meines Wesens besonders aus.

1

★ *In welchem Haus, sprich Lebensbereich, steht deine Sonne?*
Meine Sonne steht im Haus ...

Schlage S. 52 und Tabelle S. 86–87 nach und finde heraus, was die Grundthemen dieses Hauses bzw. des jeweiligen Lebensbereiches sind, in dem du deine Lebenskraft und deinen Charakter entfaltest.

2

★ *Was sagt die Kombination von der Sonne im jeweiligen Zeichen mit dem bestimmten Lebensbereich (Häuser von 1 bis 12) über dich aus? Inwiefern lebst du dort deine Persönlichkeit schon? Inwieweit lebst du hier die Eigenschaften des Archetyps deines Sternzeichens im jeweiligen Lebensbereich? Wie könntest du hier die erlösten Seiten deines Sternzeichens noch besser entwickeln, um sie für dich in dem jeweiligen Lebensthema besser auszuleben?*

Notiere hier deine Gedanken:

PLANETEN-HERRSCHER des Löwen

MEINE SONNE IN DEN 12 ZEICHEN

Diese Liste gilt als Masterliste für die Sternzeichen/Archetypen.

Sternzeichen	Wesens-Archetyp	Eigenschaften	Sonnenseite	Schattenseite
Widder	Amazone, Held*in, der Eroberer, Pionier*in	leidenschaftlich, mutig, wegbereitend, siegend, kämpferisch, impulsiv	selbstbestimmt, Kämpfergeist, Tatkraft, Willensstärke	Ego-Denken, getrieben sein, Konkurrenzdenken, Wut, Ungeduld
Stier	die*der Sinnliche, der*die Genießer*in, Gewohnheitstier	sinnlich, kreativ, sicherheitsorientiert, genießerisch, will es gemütlich	das Ruhige und Besonnene, Gemütliche, Verwurzelung, Naturliebe	zu bequem sein, Sturheit, Materialismus, Besitzen-Wollen, Sicherheitsängste
Zwillinge	die*der Kommunikative, Storyteller Närrin, Student*in	kommunizierend, geistreich, fröhlich, flexibel, liebt es zu quasseln und zu tratschen	Intellekt, Flexibilität, Wandelbarkeit, Kommunikationsstärke, Leichtigkeit, Fröhlichkeit	Chaos, Nervosität, Zerstreutheit, Schwarz-Weiß-Denken, Zerrissenheit
Krebs	die Mütterliche, Gefühlvolle*r, Sorgende*r und Pflegende*r	mitfühlend, pflegend, sensibel, emotional, intuitiv, liebt kleine Kinder und Tiere	Empathie, Intuitionskraft, Gespür, Kraft der Fantasie, Fürsorglichkeit	allzu melancholisch, launisch, Sich-Selbst-Vergessen, extreme Empfindlichkeit
Löwe	der Bühnenstar, die*der Verspielte und Kreative, Herrscher*in	strahlend, spielend, machtvoll, mutig, kreativ, lebenslustig und stark	Lebensfreude, Herzensmut, Führungsqualität, leidenschaftlicher Selbstausdruck	Gier nach Anerkennung, Ruhm und Aufmerksamkeit, Großspurigkeit, Maßlosigkeit

Sternzeichen	Wesens-Archetyp	Eigenschaften	Sonnenseite	Schattenseite
Jungfrau	die*der Dienende, Workaholic, die*der Fleißige	dienend, ordnend, analytisch, fleißig, nervös, hilfsbereit, clever und geschickt	Vernunft, unermüdlicher Dienst für das Allgemeinwohl, Fleiß, Genauigkeit, pflichtbewusst	Pedanterie, Überarbeiten, Nüchternheit, Verzicht, Perfektionismus
Waage	die Waage oder Ästhet*in, Liebende*r, Diplomat*in, Schöngeist	ausgleichend, diplomatisch, friedvoll, charmant, verbindlich, freundlich	zugewandt, Feingeist, Gerechtigkeitssinn, guter Geschmack, Manieren	Harmoniesucht, mehr beim »Du« als beim »Ich« sein, schöner Schein
Skorpion	Mystiker*in, Detektiv*in, Schaman*in, Psychoanalytiker*in	transformativ, geheimnisvoll, forschend, ergründend	tiefgründig, guter Instinkt, Tiefenpsychologie, Schattenarbeit	Eifersucht, Kontrolle, Zynismus, Machtmissbrauch, Manipulationskraft
Schütze	Weltentdecker*in, Reisende*r, Guru, Gelehrte*r	entdeckend, souverän, nach Weite strebend, wissbegierig	weltoffen, idealistisch, Abenteuerlust, Glaube, Optimismus, Fülle, Moral	Dogmatismus, moralische Überheblichkeit, exzessive Sinnsuche
Steinbock	Autorität, Richter*in, Mentor*in, Unternehmer*in	strukturiert, pflichtbewusst, diszipliniert, weise	Halt, Vertrauen, Leistung, Integrität, Konsequenz, Ernsthaftigkeit, Klarheit	Kontrolle, Unbeweglichkeit, Strenge, Freudlosigkeit
Wassermann	Visionär*in, Revolutionär*in, Wissenschaftler*in	originell, visionär, zukunftsorientiert, freiheitsliebend	unangepasst, geistreich, Individualität, Freiheit, Fortschritt, Gemeinschaft	Provokation, Arroganz, Unberechenbarkeit, Flucht, Gefühlskälte
Fische	Träumer*in, Künstler*in, Poet*in, Heiler*in	verträumt, kreativ, grenzenlos, heilend, fantasievoll, mitfühlend	anpassungsfähig, heilend, Feinfühligkeit, Opferbereitschaft, Intuition	phlegmatisch, haltlos, Sucht, undurchsichtig, unrealistisch

PLANETEN-HERRSCHER des Löwen

MEINE SONNE IN DEN 12 HÄUSERN

und grundsätzliche Häusertabelle

Astrologisches Haus	Zeichen- und Planetherrscher	Grundthemen/ Lebensbereich	spirituelle Sicht	Lebensziel
1. Haus	Widder/Mars	Bewusstes Selbst, deine Identität und wie andere dich sehen, energisches dynamisches Wesen	Planetenenergie hier ist wesentlicher Teil des Ich-Gefühls, der Identität	eigene Anliegen besser durchsetzen
2. Haus	Stier/Venus	Finanzielle Situation, Vermögen, Selbstwert, materielle Wünsche, Gaben/Talente	die Empfänglichkeit für Besitz, hier kann man innere Sicherheit schaffen	kultivieren, bewahren und genießen, was einem lieb und teuer ist
3. Haus	Zwillinge/ Merkur	Wie man Informationen kommuniziert, lernt, schreibt und Gedanken verarbeitet, intellektueller Ausdruck	mit seinem geistigen Ausdruck Wissen und Weisheit vermitteln und Ideen übersetzen	Interaktion mit der Welt, Lernen und zu logischen Ergebnissen kommen
4. Haus	Krebs/Mond	Heim, Zuhause und Familie, Mutter auch Muttersein, Eltern und Großeltern, Verwurzelung an Orte	deine Wurzeln, emotionale Seelenheimat	einen sicheren Ort/Heimat schaffen, Familienfrieden, verwurzelt sein
5. Haus	Löwe/Sonne	Hobbys, Interessen, Unterhaltung, Selbstdarstellung, Kreativität, Kinder und inneres Kind, Spaß	durch das innere Strahlen und Licht der eigenen Talente die Welt begeistern	eine Bühne finden und gesundes Selbstbewusstsein etablieren, stolz sein auf sich selbst

Astrologisches Haus	Zeichen- und Planetherrscher	Grundthemen/ Lebensbereich	spirituelle Sicht	Lebensziel
6. Haus	Jungfrau/ Merkur	Vitalität des Körpers, tägliche Arbeit, Gesundheit, Ordnung, Heilung und tägliche Routinen	eine spirituelle Routine und wohltuende Rituale etablieren	Naturverbundenheit und gesunde Vernunft, gesunder Lebensstil
7. Haus	Waage/Venus	1-1 Beziehungen, Ehe, romantische Partner*in, Geschäftspartner*in, Rechtsverträge, Diplomatie	Lebensbeziehungen als Übungsmatte für die Entwicklung der Seele	ein harmonisches Gleichgewicht zwischen dem Ich und Du finden
8. Haus	Skorpion/ Pluto	Transformation, Tod, Wiedergeburt, Okkultismus, Mystik, Sex, Geld und Macht, Erbschaft, Geheimnisse	der Keller deiner Seele, in der Schmerz und Trauma liegt	auf konstruktive Weise Macht über unser Leben bekommen
9. Haus	Schütze/ Jupiter	Glaubenssysteme, Ideologien, Religion, Spiritualität, Bildung, Reisen, Abenteuer, fremde Kulturen	wahrhafte Weisheit erfahren und sich selbst ein Guru sein	Sinn finden und stiften mit eigener Weltanschauung und Lebensphilosophie
10. Haus	Steinbock/ Saturn	Ansehen, Pflicht, Berufung, Karriere, Ambitionen Tradition, Ehrgeiz, Einfluss, Struktur	Halt und Struktur finden, im Inneren verankert sein	das gesunde und richtige Maß zu finden, kann das größte höchste Glück sein
11. Haus	Wassermann/ Uranus	Freundschaften, Gruppen und Organisationen, Soziales, Fortschritt, Technik, Zukunft	Mit dem eigenen Freigeist die Welt verändern	Kultivieren einer inneren Freiheit, die eigene Originalität und Humor
12. Haus	Fische/ Neptun	Kunst, Rückzug, Surreales oder Fantasien, Medialität, Spiritualität, Kreativität, Frieden, Feinsinn	in der Auflösung des weltlichen Lebens	Raum und Zeit für Spiritualität, zum Träumen und künstlerisch sein

PLANETEN-HERRSCHER
des Löwen

MEINE SONNE IM HOROSKOP

Meine Persönlichkeit, Lebenskraft und Wesenskern

Fasse nun deine Erkenntnisse in deiner Astrogleichung zusammen:

Meine Sonne (Sternzeichen): ....

+

Meine Sonne im Haus: ....

=

Meine Sonne im Horoskop: ....

....

Tipp

Falls du die Astro-Cards hast, kannst du dir die passenden Karten heraussuchen und deuten.

★ Suche dir das Zeichen und das Haus, in denen deine Sonne steht, heraus und lege die drei Karten nebeneinander: *Was siehst du auf den Karten? Was nimmst du ganz intuitiv für Verbindungen wahr?*

....

....

....

....

DER ASZENDENT

Ac

Meine Erscheinung, so nehmen mich andere Menschen als Erstes wahr.

1

★ *In welchem Zeichen steht dein Aszendent?*
Mein Aszendent steht im Tierkreiszeichen ...

2

★ *Was sagt dein Aszendent über dich und deinen Auftritt in der Außenwelt aus? Und wie erlebst du diesen ganz persönlich im Kontakt mit anderen Menschen oder z.B. in der Arbeit und Öffentlichkeit?*
Notiere hier deine Gedanken:

MEIN ASZENDENT IN DEN 12 ZEICHEN

Ac

Sternzeichen	Erscheinung/Aura	Auftritt in der Welt	Entwicklungsziel
Widder	aktiv, fit und energisch Mars-Aura	kämpferisch, mutig, willensstark, will gerne Neues beginnen und immer vorne sein (Konkurrenzdrang)	gesunder Egoismus, ohne andere vor den Kopf zu stoßen
Stier	sinnlich, genießerisch und natürlich Venus-Aura	sicherheitsorientiert, bewahrend und gutmütig, kann auch stur und allzu beharrlich sein	Finde innere Ruhe und Gelassenheit in dir, indem du aus deiner Komfort Zone kommst
Zwillinge	wandelbar, clever und kommunikativ Merkur-Aura	neugierig, intelligent, flexibel, flink, humorvoll, kann auch nervös sein	Teile dein Wissen und bring die Menschen zum Lachen
Krebs	liebevoll, empathisch und verständnisvoll Mond-Aura	fürsorglich und mütterlich, auch mal launisch und theatralisch	Praktiziere radikale Selbstliebe und kümmere dich zuerst um dich
Löwe	charismatisch, selbstbewusst, warmherzig Sonnen-Aura	vital, ausdrucksstark, verspielt, großzügig, optimistisch, herzlich, kann auch protzig sein	Finde deine Bühne und trete selbstbewusst auf, nimm den Applaus an
Jungfrau	praktisch, hilfsbereit, nachdenklich Merkur-Aura	vernünftig, analytisch, pflichtbewusst, »down-to-earth« Erscheinung	Von deiner natürlichen Bodenständigkeit können sich alle eine Scheibe abschneiden
Waage	stets freundlich, attraktiv und umgänglich Venus-Aura	wirkt für andere ausgleichend und vermittelt Wohlgefühl, kann dabei gut das eigene innere Chaos verbergen	Everybody's Darling is everybody's Depp – Lerne dich abzugrenzen

Sternzeichen	Erscheinung/Aura	Auftritt in der Welt	Entwicklungsziel
Skorpion	geheimnisvoll, magnetisch, tiefsinnig Pluto-Aura	hat häufig eine faszinierende Wirkung, kann aber zugleich auch Angst erzeugen beim Gegenüber	Begeistere andere mit deinem Tiefgang und rege sie zum Nachdenken an
Schütze	optimistisch, tolerant, draufgängerisch Jupiter-Aura	meist auch sehr humorvoll, könnte aber auch eine belehrende Note besitzen	Stecke mit deinem Optimismus an und helfe anderen, über den Tellerrand hinauszublicken
Steinbock	gefestigt, ernsthaft, vertrauensvoll Saturn-Aura	wie ein Fels in der Brandung, mit einem sicheren Auftritt, der Vertrauen und Klarheit ausstrahlt	Sei nicht so streng mit dir und lerne dich auch mal bei anderen anzulehnen
Wassermann	freigeistig, netzwerkend, originell Uranus-Aura	etwas crazy, ausgefallen, rebellisch, kann aber auch etwas zu provokant und frech sein	Bitte hör niemals auf, so wunderbar verrückt und mitreißend zu sein
Fische	verträumt, sensibel, mitfühlend Neptun-Aura	feingeistig und zwischen mehreren Welten schwebend, kann auch schwer greifbar sein	Mit deiner Heilenden Aura ziehst du natürlich einige »Patienten« und Hilfsbedürftige an

MEIN ASZENDENT IM HOROSKOP

Ac

Meine Erscheinung, so nehmen mich andere Menschen als Erstes wahr.

Fasse nun deine Erkenntnisse zusammen:

Mein Aszendent im Zeichen:

Kannst du dich mit diesem Archetypen identifizieren?

Wie sehr zeigt er sich in deinem Auftritt?

Was magst du an deinem Aussehen, Auftritt und deiner Erscheinung?

Tipp

Nimm dir für die Deutung auch noch gerne meine Astro-Cards zur Hilfe.

★ Suche dir das Zeichen, in dem dein Aszendent steht, heraus und lege die beiden Karten nebeneinander: *Was siehst du auf den Karten? Was nimmst du ganz intuitiv für Verbindungen wahr?*

WEITERE ACHSEN IN DEN 12 ZEICHEN

Der Deszendent (DC) gibt Auskunft über ideale Partner*innen und deren ergänzende Eigenschaften*, das Medium Coeli (MC) ist wichtig für die Bestimmung deiner Berufung, das Imum Coeli (IC) gibt Auskunft über die räumliche, seelische Heimat, innerer Nährboden oder Wurzeln, hier zusammengefasst in Schlüssel-Energien (DC), Beruf(ung)sfelder (MC), Gefühlsmuster und Streben (IC).

Sternzeichen	DC*	MC	IC
Widder	ehrgeizige, aktive (Macher-) Energie	Gründer oder CEO eines Startups, Chef*in, Abteilungsleiter*in, Rennfahrer*in, Motivationscoach	auf dem Sprung, stete Suche nach besseren »Ort«
Stier	ruhige und bodenständige Energie	Bank-Finanzwesen, Polizist*in, Familienunternehmen, Sicherer Arbeitsplatz (Beamtentum), Koch, Innenarchitekt*in	sicheres Terrain, gewohntes Umfeld und Halt
Zwillinge	denkerische und kommunikative Energie	Social Marketing, Werbung, Journalist*in, Personalberater*in, Autor*in, Reisebranche	Ruhelosigkeit, Nomadentum, zieht häufig um
Krebs	sensible und einfühlsame Energie	Soziale Berufe, Psycholog*in, Coach, Pflegende Berufe, Krankenschwester, Doula, Heilberufe	starker Bezug zu eigenen Wurzeln, vorrangig Mutter
Löwe	mutige und selbstbewusste Energie	Bühnenstar, Musiker*in, Kreative, Politiker*in (hohes Tier), Autorität, eigener Boss, Show-Branche	erlebt Wohlgefühl im Mittelpunkt, entwickeln, prunkvolles Heim
Jungfrau	pragmatische und hilfsbereite Energie	Polizist*in, Gärtner*in, Krankenpfleger*in, Gesundheit, Tiere, Heilpraktiker*in, Beamte*r	evtl. starke Reinlichkeit, nüchterne Gefühlswelt

Sternzeichen	DC*	MC	IC
Waage	diplomatische und verbindliche Energie	Modedesigner*in, Kommunikation, Teamwork, Ästhetik, Diplomat*in, Rechtsberufe, Mediator*in	braucht harmonisches und stilvolles Zuhause, ästhetischer Ausdruck
Skorpion	intensive und machtvolle Energie	soziale Berufe, Schaman*in, Medizin, Sterbebegleitung, Therapeut*in, Psychoanalytiker*in	braucht ein tiefes Zugehörigkeitsgefühl, Familiengeheimnisse
Schütze	abenteuerliche und weltoffene Energie	Lehrer*in, Kultur, Reiseführer*in, Übersetzer*in, Geistlicher, Berufsphilosoph*in	überall auf der Welt zuhause, braucht Raum, um Gefühle zu erlauben
Steinbock	pflichtbewusste und vertrauensvolle Energie	Chef*in, Verwaltung, Richter*in, Polizei, Traditionsberufe, Landwirtschaft, Historiker*in	Ordnung, Tradition und (Familien-) Struktur, erlebt innere Strenge
Wassermann	originelle und freiheitliche Energie	Astrolog*in, Weltverbesserer, Umweltschutz, Technologie, Informatik, Netzwerker	braucht Freiheit, ist gern unabhängig, ungewöhnlicher Lebensstil
Fische	feingeistige und empfindsame Energie	Künstler*in, Poet*in, Designer*in, Heiler*in, Arzt/Ärztin, Pharmazeut*in	kreativer, spiritueller Raum, Rückzug sehr wichtig

*Ein*e potenzielle*r Partner*in muss nicht dem jeweiligen Zeichen in Sonne oder AC entsprechen, aber seine oder ihre Grundenergie wäre eine passende Ergänzung für dich.*

DIE HAUPTACHSEN/HÄUSERSPITZEN

Zur Wiederholung: Die Achsen im Horoskop, bestehend aus Aszendent, Imum Coeli, Deszendent und Medium Coeli, haben verschiedene Bedeutungen:

- Der **Aszendent** (AC) beschreibt deine äußere Erscheinung und den ersten Eindruck, den du auf andere Menschen machst.
- Das **Imum Coeli** (IC) gibt Hinweise auf deine tiefste emotionale Verbindung und deine i nnere Welt.
- Der **Deszendent** (DC) gibt Informationen über die idealen Partner*innen und deren Eigenschaften, die zu dir passen könnten.
- Das **Medium Coeli** (MC) spielt eine wichtige Rolle bei der Bestimmung deiner Berufung und deines Lebensziels.

Mc

AC (Deine Erscheinung)
Es geht darum, deine eigenen Anliegen besser durchzusetzen, eine eigene Persönlichkeit und Ausstrahlung zu haben, vital zu sein und die eigene Persönlichkeit auch im äußeren Leben auszudrücken

Der MC (Berufungsfelder) ist der höchste Punkt, den die Ekliptik und jeder Planet auf ihr über dem Horizont erreichen kann. Analog dazu interpretieren wir den MC auch als den höchsten Punkt, das höchste Ziel, die Berufung, die man als Mensch zu erreichen strebt.

Ac

Dc

IC (deine Wurzeln, emotionale Seelenheimat)
Lernaufgabe: Wenn wir uns selbst keine »liebevolle Mutter« sind, in uns nicht geborgen fühlen, keine Heimat in uns finden, dann können wir nicht wirklich Liebe geben und empfangen.

Der DC (ideale Ergänzung) steht für unser Partnerbild. Ein*e ideale*r Partner*in könnte daher das Sternzeichen deines Deszendenten haben. Relevanter sind die Eigenschaften dieses Archetyps, aber vielleicht auch das herrschende Element, die das Deszendent-Zeichen innehat, weil dich das positiv ergänzen könnte.

Ic

PLANETEN-HERRSCHER des Krebs

DER MOND

Deine Gefühlswelt, die Färbung deines Gemüts, Intuition, das Unbewusste, deine Instinkte und deine emotionalen Bedürfnisse. Dein Mondzeichen, d. h. in welchem der 12 Sternzeichen der Mond zum Zeitpunkt deiner Geburt stand. Deine unbewussten emotionalen Bedürfnisse, die dem Mond zugeschrieben werden, unterscheiden sich von denen, die dir bewusst sind, wie z. B. die Energie deiner Sonne.

1

★ *In welchem Zeichen steht dein Mond?*
Mein Mond steht im Sternzeichen …

2

★ *Wie prägt das Sternzeichen, in dem dein Mond steht, deine Gefühlswelt?*
Was brauchst du aus Sicht des Sternzeichens/Archetyps, um dich wohlzufühlen?
Wie drückst du laut dem Zeichen deine emotionalen Bedürfnisse aus?
Welche »Sprache« spricht dein inneres GPS-System, deine Intuition?
Notiere hier deine Gedanken:

The Big Three

PLANETEN-
HERRSCHER
des Krebs

MEIN MOND IM HAUS

1

★ *In welchem Haus bzw. Lebensbereich stand dein Mond zum Zeitpunkt deiner Geburt?* Mein Mond steht im Haus …

Hier lebst und fühlst du deine Gefühle und Instinkte und kannst dich gut von deiner Intuition führen lassen.
Die Hausstellung des Mondes in deinem Geburtshoroskop zeigt den Lebensbereich an, in dem du zu den stärksten Emotionen neigst und in dem du häufig wechselnde Bedingungen erleben kannst.

2

★ *Was sagt das Haus, im dem dein Mond steht, über deine Gefühlswelt aus? Wie beeinflusst dieser Lebensbereich deine Emotionen? Bist du hier besonders intuitiv? In welchem Lebensbereich neigst du zu starken Emotionen und lässt dich von Instinkt und Intuition führen?*
Notiere hier deine Gedanken:

PLANETEN-HERRSCHER des Krebs

DER MOND IN DEN 12 ZEICHEN

Tipp: Nutze diese Liste auch, um für dich die Mondtages-Energie zu deuten, alle 2–3 Tage wechselt der Mond das Zeichen und hat in der Zeitqualität eine Wirkung auf uns.

Mondzeichen	Du fühlst dich wohl, wenn …	Du fühlst dich häufig …	Positiver Ausdruck	Negativer Ausdruck
Widder	du direkt und impulshaft deine Gefühle leben kannst	»Ich gegen den Rest der Welt«	direkte Gefühlsäußerungen, Minderwertigkeitsgefühle motivieren zu Erfolgen	kämpft ständig gegen die eigenen Emotionen, neigt zu Extremen
Stier	du Schönes genießen darfst und dich sicher fühlst	»wie ein friedvoller Buddha«	gemütlich, ein friedvolles und ruhiges Gemüt, ausgeglichen	blockiert sich selbst im Flow, anhaftend an falschen Sicherheitsvorstellungen
Zwillinge	du dich ausdrücken kannst und mit anderen austauschen darfst	»zerstreut: Was ist Gefühl und was ist Gedanke?«	charmant und gesellig, Talent, Menschen und Situationen zu analysieren	emotionale Doppelnatur, Schwierigkeiten, auch eigene Emotionen zu akzeptieren
Krebs	du emotionale Sicherheit und Stabilität durch die Familie und das Umfeld erfährst	»den eigenen Emotionen ausgeliefert«	reagieren sehr einfühlsam auf die emotionale Umgebung, sehr gute Intuition	Launenhaftigkeit, hängt oft an der Vergangenheit, extreme Mondfühligkeit (Migräne)
Löwe	du das Gefühl hat, dass du von Anderen bewundert wird	»dazu bestimmt, andere unterhalten zu müssen«	kreativ, warmherzig, großzügig und liebevoll im Ausdruck der Zuneigung, große Hingabe, Loyalität	wenn man sich missachtet fühlt, neigt man zu dramatischen Ausbrüchen, Szenen und Schmollen

Mond-zeichen	Du fühlst dich wohl, wenn …	Du fühlst dich häufig …	Positiver Ausdruck	Negativer Ausdruck
Jungfrau	du das Gefühl hast, gebraucht zu werden, in der Arbeit findest du Erfüllung	»innere Sicherheit kommt aus Ordnung und Klarheit«	große Hilfsbereitschaft, fleißig, vertrauenswürdig, große Sorgfaltsgabe	eher schüchtern mit neuen Leuten, Überforderung führt zu Sorge und Stress
Waage	du in (Ver-)Bindung mit anderen sein kannst, du Frieden stiften darfst	»zu friedvoll für die Welt«	Freundlichkeit, Mitgefühl, Fairness, emotionales Gleichgewicht, Frieden	unentschlossen, Harmoniesucht kann zu Unzufriedenheit führen, man beschönigt zu viel
Skorpion	du dich ganz tief einlassen kann, Geheimnisse lüftest, tiefe Gefühle leben kannst, in der Liebe »all in« gehen kannst	»zu intensiv für Andere«	kann die wahre Motivation von Menschen erkennen, starke Intuition, die durchschaut wird	Misstrauen, tiefe Furcht vor Verrat, vertiefen oft dramatische Beziehungen, Groll, Rachsucht
Schütze	du lernen darfst, interessante Menschen treffen darfst und in die Welt hinausgehen kannst	»auf der Welt zuhause und wohl«	abenteuerlustig, freiheitsliebend, hungrig nach Wissen, Abenteuern	intolerant, dogmatisch, Schwierigkeiten, mit Gefühlen umzugehen
Steinbock	du etwas leisten kannst, klare Grenzen und Strukturen hast, Gefühle im »Griff« hast	»ohne Gefühls-GPS (Intuition)«	kompetent, zuverlässig, vertrauensvoll, strukturiert, klarer Kopf, Sicherheit	misstraut Gefühlen und eigener Intuition, zu hart zu sich, fühlt sich heimatlos
Wasser-mann	du genug Freiraum in menschlichen Beziehungen hast, Gefühlsautonomie wahren kannst	»alleine am wohlsten«	sehr unabhängig und freiheitsliebend, idealistische Natur	Weltschmerz, emotionale Gefühlskälte, sozialer Rückzug (Eigenbrötler)
Fische	die Grenzen der Realität und des Denkens mit dem eigenen Fühlen verschwimmt	»reizüberflutet von der Außenwelt«	hochsensibel, mitfühlend, kreativ, empathisch und glauben (noch) an das Gute im Menschen, romantisch	verpeilt, realitätsfern, saugt Emotionen/ Schwingen auf, reagiert stark auf laute Außenwelt

PLANETEN-HERRSCHER des Krebs

DER MOND IN DEN 12 HÄUSERN

Astrologisches Haus	Grundenergie	Emotionalität/ Wohlgefühl zielt auf:	Dein Weg der Seele
1. Haus	hohe Emotionalität, empfindlich, die eigenen Gefühle stehen ins Gesicht geschrieben, verkörpert Emotionen	Mutterthema oder inneres Kind als treibende Kraft im Leben, Einflüsse der Kindheit auf Persönlichkeit unvermeidbar	intuitiv erkennen, wer du selbst bist, eine authentische Verbindung zu dir selbst herstellen
2. Haus	häufige Sorge um Geld und Sicherheit	Genießen, Dinge wie gutes Essen, Trinken, Musik	das Pflegen von Besitztümern und dem Selbstwert
3. Haus	emotionale Kommunikation, neigt zu emotionalem Abstand durch Intellekt	Lernen und Sprache wird als tröstlich empfunden	Gefühle und Geist in eine Sprache übersetzen
4. Haus	Suche nach Zugehörigkeit, Unruhe in der Suche, Wohnortwechsel oder Veränderungen im Zuhause	tiefe, aber vielleicht auch schwierige Beziehung zu den Eltern, besonders zur Mutter	emotionale Heimat und Seelen-Familie finden
5. Haus	Neigung zum Drama. angeborenes künstlerisches Talent	emotionaler Selbstausdruck durch Kunst, Musik, Kreativität	Ausdruck der Gefühle, immer in Kontakt mit dem inneren Kind
6. Haus	emotionales Bedürfnis, nützlich zu sein und produktiv zu arbeiten	Chaos und fehlende Routine im Leben führt zu emotionaler Unruhe	emotionaler Frieden ist wichtig für körperliche Gesundheit
7. Haus	Beziehungsleben beeinflusst emotionale Stimmung stark, sehr anpassungsfähig an die Bedürfnisse anderer	Partnerschaft, Beziehung ist wichtig für emotionale Stabilität, Tendenz zu emotionaler Abhängigkeit	gute natürliche Gabe, Beziehungen aufzubauen und zu verhandeln

Astrologisches Haus	Grundenergie	Emotionalität/ Wohlgefühl zielt auf:	Dein Weg der Seele
8. Haus	Empfindsamkeit auf sehr tiefer Gefühlsebene, Herausforderung, die eigenen Gefühlsgrenzen auszutesten	Man trägt vielleicht ein emotionales, karmisches Erbe, heimliches Begehren, Faszination für Tabus und Geheimnisse	sich auch mit dunklen Gefühlen und Schatten wahrhaftig auseinandersetzen können
9. Haus	emotionale Unruhe, Langeweile und Routine sind emotional unerträglich	Reisen und Lernen schenken Gefühlsweite, oftmals distanzierte Mutter, man erlebt emotionales Heimweh nach anderen Orten, fremden Kulturen	präsent zu sein und dankbar für das, was du hast, und dennoch das Neue und das Unbekannte einladen
10. Haus	Bedürfnis nach Anerkennung und Erfolg, Vertrauen in die eigene Intuition entwickeln als Lebensaufgabe	Erfolg im Beruf gibt emotionale Stabilität. Struktur und Verantwortung sind wichtig, damit man sich emotional wohlfühlt	das wichtige Bedürfnis, für die Gesellschaft sozial nützlich zu sein
11. Haus	Sensibel für die Gefühle anderer, empathisch, neigt aber auch zu schwankenden Emotionen	Gruppenzugehörigkeit ist wichtig für emotionale Sicherheit, viele altruistische und gute Absichten für die Zukunft der Menschheit	Humanitäre Gabe: Du kannst Gruppen leicht inspirieren und trösten
12. Haus	trägt die emotionale Welt, sehr mitfühlend, Seele sucht ständig nach größeren, göttlichen und spirituellen Erfahrungen	Braucht häufig Rückzug und Einsamkeit, um sich emotional wieder aufzutanken. Krux: Mitgefühl für das Leiden anderer, aber nicht immer emotional verfügbar, um zu helfen.	die eigene spirituelle Bestimmung finden und kreativ erfüllen

The Big Three

PLANETEN-
HERRSCHER
des Krebs

MEIN MOND IM HOROSKOP

Gefühle und Unterbewusstsein

Fasse nun deine Erkenntnisse in deiner Astrogleichung zusammen:

Mein Mondzeichen: ....

+

Mein Geburtsmond im Haus: ....

=

Mein Mond im Horoskop: ....

....

Tipp

Nimm dir für die Deutung auch noch gerne meine Astro-Cards zur Hilfe.

★ Suche dir das Zeichen und das Haus, in denen dein Mond steht, heraus und lege die drei Karten nebeneinander: *Was siehst du auf den Karten? Was nimmst du ganz intuitiv für Verbindungen wahr?*

....

....

....

....

PLANETEN-HERRSCHER
der Zwillinge und der Jungfrau

MERKUR ☿

Verstand und Sprache

1

★ *Welcher Sternzeichen-Archetyp prägt deinen Merkur?* Merkur in den Sternzeichen zeigt den persönlichen Kommunikations-Denk- und Lernstil. Mein Merkur steht im Sternzeichen …

2

★ *Wie beschreibt dein Merkur im Zeichen deine Art, zu denken? Wie prägt das vielleicht deinen individuellen Sprach- oder schriftlichen Ausdruck? Wie würdest du deine Art, zu denken, zu sprechen, dich auszudrücken, Informationen zu vermitteln, zu lernen und kommunizieren, beschreiben?*
Notiere hier deine Gedanken:

PLANETEN-HERRSCHER
der Zwillinge und der Jungfrau

MEIN MERKUR IM HAUS

Verstand und Sprache

1

★ *In welchem astrologischen Haus steht dein Merkur?*
Mein Merkur steht im Haus …

2

★ *Merkur in der Stellung des jeweiligen Hauses verrät die Lebensbereiche, in denen du deinen Verstand, deine Kommunikation und deinen Intellekt gut und sinnvoll einsetzen kannst.*
Wie ist das bei dir?
Notiere hier deine Gedanken:

PLANETEN-HERRSCHER
der Zwillinge und der Jungfrau

MERKUR IN DEN 12 ZEICHEN

☿

Sternzeichen	Kommunikations-Denk- und Lernstil	Schwächen
Widder	schnelle Entscheidungen und Reaktionen, oft stark ausgeprägte Meinung, muss für Lernstoff brennen, will leidenschaftlich z.B. ein Lerngebiet/Thema erobern	streitlustig, darf mehr nachdenken vor dem Sprechen, Ungeduld beim Zuhören, Konkurrenzdenken
Stier	haptisches Lernen, braucht z.B. schöne Bücher, muss sich Dinge aufschreiben, solide Urteilsfähigkeit, gute Konzentrationsfähigkeit	öfter mal blockiert, starres oder inflexibles Denken, beharrt zu sehr auf eigenem Standpunkt, neigt zum Grübeln
Zwillinge	flink und analytisch, besitzt viel Wissen über verschiedene Themen, lernt schnell, gute*r Redner*in und Schriftsteller*in, will Infos vermitteln	leicht gelangweilt, braucht ständige Geistesanregung, zerstreut, kann sich schwer nur auf eine Sache konzentrieren
Krebs	einfühlsam, emotional, was man lernt, muss auch berühren, ausgezeichnetes Gedächtnis, braucht Wohlgefühl, um nachdenken und lernen zu können	neigt dazu, sorgenvolle Gedanken bei sich zu behalten, lässt sich auch verbal zu sehr von Launen leiten, Gefühle trüben Objektivität
Löwe	überzeugende*r Redner*in, spielerisches Denken, besitzt starke Meinungskraft, kommuniziert mit Herz und Humor, Lernen muss Spaß machen	besserwisserisch, sehr wählerisch, mit wem er spricht, allzu dramatische Ausdrucksweise, eigene Objektivität kann von zu großem Ego-Denken eingeschränkt sein
Jungfrau	präzise, klar und analytisch, akribischer Blick für Details, will auch mit Sprache logische Ordnung schaffen, gutes Lernen mit Leitfäden, effizient und organisiert	eine allzu große Detailverliebheit kann auch einen weiten Überblick verhindern, pedantisch auf Fehlersuche
Waage	diplomatisch, fair, taktvoll, kann gut Kompromisse verhandeln, legt hohen Wert auf »schöne« Worte, fühlt sich von schön präsentiertem Lernstoff angesprochen, lernt, denkt und spricht häufig in Sinnbildern	will auch schwierige Themen in Kommunikation immer beschönigen, auch Themen, die nicht schön verpackt sind, wollen gelernt und verstanden werden

Sternzeichen	Kommunikations-Denk- und Lernstil	Schwächen
Skorpion	leidenschaftlicher, intensiver Gedankenfluss und Austausch, kein Interesse an Oberflächlichkeiten, auch beim Lernen gilt das Interesse nur Themen mit Tiefe, wie z.B. Spirituelles oder Psychologie, detektivisch, hält Infos über sich selbst zurück	skeptisch, zynisch und eigensinnig, neigt zu Geheimniskrämerei, zwängt anderen Diskussionen auf, um ihre Schattenseiten zu offenbaren und bloßzustellen
Schütze	offen, tolerant, interessiert sich für Fremdsprachen, vielseitige Themen wie u.a. Philosophie, Religion, Politik oder Bildung, will eigene Ideale ausdrücken, ständig bestrebt, den eigenen Horizont zu erweitern	immer an einem großen Konzept orientiert, weniger praktisch und konkret, unbedacht und impulsiv, neigt zum Verallgemeinern, Anhaftung an eigenen Idealen/Dogmen von Lehrer*innen
Steinbock	disziplinierter, praktischer, organisierender Geist, gute gedankliche Strategieentwicklung, lernt mit Strategie und guter Konzentration, ernsthafte Art, sich auszudrücken und auszutauschen	verliert Freude am Lernen, wenn sich keine Erfolgserlebnisse zeigen, neigt zu allzu strengem Ton in der Kommunikation
Wassermann	exzentrischer, individueller und intelligenter Ausdruck, will immer den erfinderischen Einfallsreichtum offenbaren, möchte beim Lernen und im Gespräch eigene Ideen einbringen, erfasst theoretische und wissenschaftliche Konzepte gut	eigene Wahrheit, zu sprunghaft in Argumentation, kann unberechenbar erscheinen, neigt zum Verzetteln wegen mangelnder Konzentration, gefühlskalt und arrogant in der Kommunikation
Fische	intuitiv, ausgeprägte Vorstellungskraft, bringt psychische und spirituelle Ebene ins Denken hinein, kreativer Ausdruck, mitfühlende Worte, braucht Ruhe und Rückzug zum Lernen und Nachdenken, haben oft sanfte/ schöne Stimme	leicht abgelenkt wegen Tendenz zum Tagträumen, verlässt sich eher auf Instinkte als auf Fakten, getrübtes Urteilsvermögen, verwirrt, neigt zu Naivität

PLANETEN-HERRSCHER
der Zwillinge und der Jungfrau

MERKUR IN DEN 12 HÄUSERN

Astrologisches Haus	Eigenheiten, Denkeinsatz und Kommunikation	(Lern-)Interessen
1. Haus	über die eigene Person, eigene Ideen, Erfolg, neue Ideen und aufregende oder ehrgeizige Ziele, clever, neugierig, wortgewandt	Persönlichkeitsentwicklung, persönliche eigene Meinung
2. Haus	über Werte, Materielles, Reichtum (auch immaterieller Reichtum), man sollte praktischen Verstand nutzen, um Geld zu verdienen	wie man Geld verdient, Werte, Sicherheit
3. Haus	besonders neugierig und wissbegierig, Tausendsassa, gute Position für Lehrende, Schreib- oder Sprachtalent, ähnlich Merkur in Zwillinge, es wird immer und viel kommuniziert	breites Interesse, von aktuellen Nachrichten hin zu Klatsch und Tratsch, viele Reisen/Kurztripps
4. Haus	kommuniziert vor allem gut zuhause, mit vertrauten Menschen, Familie, intellektuelle Atmosphäre zuhause, z.B. großes Bücherregal	Geschichte, Psychologie, Familiensysteme
5. Haus	liebt Witze und Wortspiele, Fähigkeit zu Schauspiel oder Bühnenpräsenz, Spiel und Freude, Denken, Socialmediabühnen wie z.B. Instagram	Musik, Kunst, Spiele, Kinder, Sport
6. Haus	Beruf oder Dienstleistungen mit geistiger Note und Einsatz von Sprache und Schrift, Abwechslung am Arbeitsplatz ist wichtig	Gesundheits- und Ernährungsfragen
7. Haus	Vorliebe für 1-zu-1-Gespräche, zieht intelligente und humorvolle Partner*innen vor, beschäftigt sich gedanklich viel mit Beziehungen und unterhält sich gern über Beziehungsthemen	Beziehungen, Schreiben, Ästhetik, Schönes, Verkauf

Astrologisches Haus	Eigenheiten, Denkeinsatz und Kommunikation	(Lern-)Interessen
8. Haus	durchdringender Verstand, will Geheimnisse lüften, neugierig auf das, was hinter der Fassade liegt, erforscht Familiengeheimnisse und eigenes Karma	alles Mysteriöse, Tabuisierte, paranormale Phänomene, Tiefenpsychologie
9. Haus	Studium und Lernen mit Freude, Fähigkeit, das große ganze Bild zu sehen, gut im Sprachenlernen und Übersetzung, lernt auf Reisen oder im Ausland viel	Recht, Religion oder Philosophie, verschiedene Kulturen und Länder
10. Haus	Karriere als Schriftsteller*in oder Redner*in, Lehrtätigkeit, Sprach- oder Schreibtalent sollte in Berufung eingesetzt werden	Karriere, Erfolg, Traditionen, Systeme, Politik, Führung
11. Haus	neue Pläne, Ideen und etwas Neuartiges auf intellektueller Ebene erschaffen, will mit Freunden und Netzwerken in Austausch sein	Menschen, Gruppeninteraktionen, Umweltschutz, Technik, Fortschritt
12. Haus	evtl. Schwierigkeiten, sich klar auszudrücken, denkt und spricht in Symbolen, Gefühlen, Bilder, starke Vorstellungskraft, intuitives Wissen	Kunst, Kreativität, Poesie, Musik, Spiritualität, Märchen, Fantasie

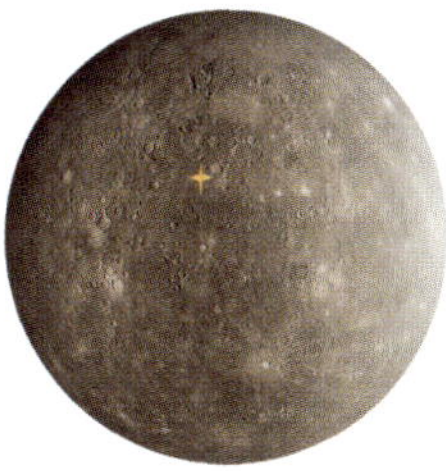

PLANETEN-HERRSCHER
der Zwillinge und der Jungfrau

MEIN MERKUR IM HOROSKOP

Verstand und Sprache

Fasse nun deine Erkenntnisse in deiner Astrogleichung zusammen:

Mein Merkur in den Zeichen: ....

+

Mein Merkur im Haus: ....

=

Mein Geburtsmerkur: ....

....

Tipp

Nimm dir für die Deutung auch noch gerne meine Astro-Cards zur Hilfe.

★ Suche dir das Zeichen und das Haus, in denen dein Merkur steht, heraus und lege die drei Karten nebeneinander: *Was siehst du auf den Karten? Was nimmst du ganz intuitiv für Verbindungen wahr?*

....

....

....

....

PLANETEN-HERRSCHER
des Stiers und der Waage

VENUS IN DEN ZEICHEN ♀

Dein Sinn für Schönheit, Geschmack, Genussempfinden & Umgang mit Geld

1

★ *In welchem der 12 Tierkreiszeichen steht deine Venus?* Hier verweist Venus auf das, was und wen wir lieben, begehren und auch schön finden. Der Archetyp bestimmt auch, wie wir genießen.
Meine Venus steht im Tierkreiszeichen …

2

★ *Was sagt deine Venus in ihrem Archetyp des jeweiligen Zeichens über dich aus? Wie offenbart sich das, was du liebst, schön findest, als begehrenswert erachtest? Welchen Typ von Frau oder Mann von der Grundenergie findest du anziehend? Wofür gibst du dein Geld am liebsten aus?* Du liebst und genießt wie ein … (Tierkreiszeichen). *Was löst diese Aussage in dir aus, was sind deine Gedanken dazu?*
Notiere hier deine Gedanken:

Persönliche Planeten

Info: Im Horoskop einer Frau zeigt das Venuszeichen die Qualitäten an, mit denen sie Partner*innen anzieht, außerdem im Horoskop eines Mannes zeigt das Venuszeichen den Liebes-Typ an, der ihn anzieht. Das gilt aber auch Vice-versa, also umgekehrt und bezieht sich auf den Archetyp, d.h. z.B. ein Mann mit Venus in den Zwillingen könnte natürlich eine Zwillingefrau besonders anziehend finden. Das Zeichen muss aber, wie beim DC, nicht zwingend dem Sternzeichen entsprechen, sondern sollte idealerweise diese Grundenergie ausstrahlen.

PLANETEN-HERRSCHER
des Stiers und der Waage

VENUS IN DEN HÄUSERN ♀

Dein Sinn für Schönheit, Geschmack, Genussempfinden & Umgang mit Geld, hier lebst du ihn

1

★ *In welchem Haus, sprich Lebensbereich, steht deine Venus?* Sie zeigt an, in welchem Bereich du dich ästhetisch oder genussvoll ausdrückst. Aber auch den Bereich, der eine besondere Liebe und ein Interesse birgt. Meine Venus steht im ... Haus.

2

★ *Was sagt diese Kombination in diesem Lebensbereich über dich aus? Wie kommt deine Genussfähigkeit in dem Lebensbereich zur Geltung? Welche (Sternzeichen)-Qualitäten und Eigenschaften lebst du eher nicht in der Venusenergie? Wo lebst du deinen Sinn für Schönheit?*
Notiere hier deine Gedanken:

PLANETEN-HERRSCHER des Stiers und der Waage

VENUS IN DEN 12 ZEICHEN

♀

Genießen wie ein … (Sternzeichen)	So liebst und genießt du	Das findest du schön …	Liebestyp (Frau)	Liebestyp (Mann)
Widder	impulsiv und häufig im Wettbewerb, schnell, »Fast Food«	Reiz des Eroberungsspiels, Leidenschaft durch neue Impulse und Herausforderungen per se	anziehend durch ihre Sportlichkeit und Dynamik	anziehend durch seinen Ehrgeiz und Kampfgeist, trainierter o. athletischer Körper
Stier	sehr romantisch, aber auch zum Teil besitzergreifend	Luxus und Genuss, schönes Zuhause, gutes Essen, finanzielle Sicherheit, Geschenke	anziehend durch ihre Schönheit und Sinnlichkeit	anziehend durch seine Körperlichkeit und Ruhe
Zwillinge	in Beziehungen oft sehr platonisch, getrieben von Neugier	Vielfalt an sich, intellektuelle Stimulierung und Spontanität	anziehend durch ihren Witz und Intellekt	anziehend durch seine Cleverness und Humor
Krebs	mit supersensiblen Empfindungen und leicht verletzlich	Familienleben, emotionale Sicherheit, jemanden zum Versorgen	anziehend durch ihre Fürsorge und Lieblichkeit	anziehend durch seine weiche Seite und Unterstützung
Löwe	warmherzig und großzügig mit lieben Worten und großen Gesten	Komplimente, Bewunderung, das Gefühl, etwas ganz Besonderes zu sein	anziehend durch ihre Lebensfreude und Leidenschaft	anziehend durch seinen starken Auftritt und sein Selbstbewusstsein
Jungfrau	tut sich etwas schwer mit dem Fallenlassen/Genießen	wenn alles geplant und perfekt läuft, braucht Geduld der*s Partner*in, verzichtet oft auf Genuss	anziehend durch ihre Natürlichkeit, Bescheidenheit und Reinheit	anziehend durch seinen Fleiß und Pragmatismus, ordentlich

Persönliche Planeten

Genießen wie ein … (Sternzeichen)	So liebst und genießt du	Das findest du schön …	Liebestyp (Frau)	Liebestyp (Mann)
Waage	auf Harmonie ausgerichtet, guter Geschmack, freundlich	Kunst, Ästhetik, schöne Formen, Farben, Gerüche, Einrichtung, Mode und Kultur	anziehend durch ihren Charme und guten Stil, klassische Schönheit	anziehend durch seine guten Manieren und tolle Ästhetik
Skorpion	leidenschaftlich, magnetische Anziehungskraft, tabulos, intensiv	tiefgehende Gespräche, körperliche Anziehung, den Reiz des Verbotenen	anziehend durch ihre geheimnisvolle Aura und ihren Tiefgang	anziehend durch seine tiefgründige Art und sein gewisses magisches Etwas
Schütze	exotisch, humorvoll, leidenschaftlich, mag Freiraum, idealistisch in der Liebe	Reisen, Abenteuer mit der*m Partner*in, braucht Anregung und Aufregung	anziehend durch ihre weltoffene und ihre komödiantische Art	strahlt Lebensfreude aus und ist alles andere als langweilig, ist bereit für spontane Kurztripps und Reisen
Steinbock	zurückhaltend, ernsthaft aber meist verbindlich, traditionelle Werte	Traditionen, vielleicht traditionelles Essen, Status, Treue, kontrolliert, langanhaltende Bindungen	anziehend durch gelebte traditionelle (Familien-) Werte, engagiert, sparsam	konservativer, kluger Typ, der Vertrauen und Sicherheit vermittelt
Wassermann	intelligent, humorvoll, auch mal kühl und distanziert, ungewöhnlich, nicht der »Norm« entsprechend	intellektuelle Beziehungsebene, Freund*in als Partner*in, Freiheit als höchstes Gut, Genuss an Geselligkeit, freigeistiger Austausch	anziehend durch unabhängigen außergewöhnlichen Lebensstil	rebellische unkonventionelle Persönlichkeit, freche Sprüche
Fische	mitfühlend, sanft, intuitiv, eher verträumt bis auch naiv, sehr romantisch	zärtlich, grenzenlose Hingabe, Spiel zwischen Opfer und Retter, rosarote Brille, Märchen und Fantasie	anziehend durch märchenhafte, feine, zarte verletzliche Erscheinung	anziehend durch sensible, fantasievolle und kreative Art

PLANETEN-HERRSCHER des Stiers und der Waage

VENUS IN DEN 12 HÄUSERN ♀

Astrologisches Haus	Eigenheiten und Besonderes	Hier lebst du deinen ästhetischen genussvollen Ausdruck
1. Haus	magnetische Persönlichkeit und in der Regel sehr anziehend für Andere, aber Vorsicht vor: Selbstbezogenheit und Eitelkeit	im persönlichen Ausdruck und eigenen Auftritt, die Liebe zu sich selbst darf zelebriert werden
2. Haus	Du suchst oder ziehst vielleicht Menschen an, die finanziell wohlgestellt sind und Sicherheit vermitteln. Aber Vorsicht vor: Hedonismus und Konsumsucht	in deinem Wunsch nach Besitz, Geld und dem Bewusstsein deiner kreativen Talente
3. Haus	Liebe zur Sprache, du brauchst auch Partner*in und Umfeld, das geistig stimulieren können. Vorsicht vor: bewusster verbaler Manipulation für die eigenen Zwecke	Komplimente, schöne ausdrucksvolle Sprache, kreativer und intelligenter Ausdruck
4. Haus	Du bist oft von der eigenen Familie in der Partnerwahl geprägt. Vorsicht vor: emotionaler Abhängigkeit von der*m eigene*n Partner*in oder Familie	Du bist ein sehr liebevolle*r und gute*r Gastgeber*in und gestaltest dir ein besonders schönes Zuhause
5. Haus	künstlerische oder musikalische Talente, herzlicher Umgang mit Kindern, du musst mit der*m Partner*in das Leben feiern können. Vorsicht: das Leben ist leider nicht immer nur eine große Party!	Freude am Flirten und Daten, du inszenierst vielleicht gerne den eigenen Auftritt wie ein Bühnenstück, liebst deine Hobbys
6. Haus	Reinheit, Ordnung und Harmonie ist wichtig. Du wählst Partner*innen sehr vernünftig aus. Vorsicht vor allzu viel Prüderie und Nüchternheit in der Liebe und beim Genuss	Schönheitspflege, Gesundheit, eventuell Körperkult, gutes Verhältnis mit Kollegen, bei der eigenen Routine und Arbeit

Astrologisches Haus	Eigenheiten und Besonderes	Hier lebst du deinen ästhetischen genussvollen Ausdruck
7. Haus	Du bist sehr sinnlich und von Kopf bis Fuß auf Liebe und Beziehungen eingestellt. Vorsicht: Es kann nicht immer "Friede-Freude-Eierkuchen" in einer Beziehung herrschen und auch Single-Sein kann schön sein!	natürlich in Beziehungen, das höchste Ziel ist es, die wahre Liebe zu finden und schöne, ausgeglichene und harmonische Beziehungen zu führen zu den Liebsten
8. Haus	Liebe für das Geheimnisvolle und Dunkle in der Psyche der Menschen. Du willst keine banalen oder oberflächlichen Beziehungen, aber Vorsicht, so zieht man mit der Partnerwahl auch häufig unbewusst Drama in das eigene Leben. Du neigst eher zu Eifersucht.	du fühlst dich zu Sexualität, Tabus oder Verborgenen hingezogen, vielleicht auch zur Schwarzmagie, Mystik, Schattenthemen faszinieren. Oft Indikator für ein Erbe, das einen gewissen Luxus und Genuss ermöglicht
9. Haus	meist sehr offen in der Partnerwahl, du magst auch Partner*innen mit unterschiedlichem kulturellem Hintergrund, willst inspiriert werden. Vorsicht: Du fühlst dich in allzu engen Beziehungen der Freiheit und Abenteuerlust beraubt, bunter Freundeskreis	Liebe zum Reisen, Kunst und Musik aus dem Ausland und fremden Kulturen, Religion, spirituelle Zeremonien, Philosophie. Liebe zu Büchern und Lernen, Wissensvermittlung
10. Haus	Vielleicht achtest du darauf, dass dein*e Partner*in auf eine Art eine "angesehene" Person ist. Vorsicht vor: allzu viel Statusdenken in engen Beziehungen und Partnerschaften	Im besten Fall liebst und lebst du deine Berufung, du setzt die eigene Attraktivität oder Kreativität vielleicht zum Erfolg ein, Liebe zur Öffentlichkeit
11. Haus	Vielleicht wird oder wurde bei dir aus Freundschaft Liebe, wichtig ist es, auch mit deiner*m Partner*in freundschaftlich verbunden zu sein. Vorsicht: Bei allem Wunsch nach Gruppenaktivitäten und Action solltest du dir Ruhe und Zeit für deine*n Partner*in nehmen	Aktivitäten mit Freunden, mehreren Menschen, kulturellen und sozialen Netzwerken, du steckst deine Liebe auch gerne in humanitäre gesellschaftliche Hilfsprojekte
12. Haus	Du liebst Menschen, die die eigene Fantasie anregen und denen du irgendwie helfen kannst. Vorsicht: Aufgrund deines starken Mitgefühls lässt du dich auch allzu leicht ausnutzen	Rückzug, kreative Auszeiten, Liebe zur Weltflucht, Suchtmittelgenuss, Tantra, Spiritualität und Meditation

PLANETEN-HERRSCHER
des Stiers und der Waage

MEINE VENUS IM HOROSKOP

♀

Dein Sinn für Schönheit, Geschmack, Genussempfinden & Umgang mit Geld

Fasse nun deine Erkenntnisse in deiner Astrogleichung zusammen:

Meine Venus im Tierkreiszeichen: ....

+

Meine Venus im Haus: ....

=

Meine Geburtsvenus: ....

....

Tipp

Nimm dir für die Deutung auch noch gerne meine Astro-Cards zur Hilfe.

★ Suche dir das Zeichen und das Haus, in denen deine Venus steht, heraus und lege die drei Karten nebeneinander: *Was siehst du auf den Karten? Was nimmst du ganz intuitiv für Verbindungen wahr?*

....

....

....

....

PLANETEN-HERRSCHER
des Widders und traditionell auch des Skorpions

MARS IN DEN ZEICHEN ♂

Dein Antrieb und deine Kraft

1

★ *In welchem Zeichen steht dein persönlicher Mars?*
Mars in den Sternzeichen zeigt, wie deine Vitalität, dein Energieniveau und deine Art, zu handeln, gestaltet ist. Und färbt die Art, wie du dich im Streit verhältst. Mein Mars steht im Sternzeichen …

2

★ *Was sagt dein Mars im Sternzeichen über dein Kraftniveau aus? Welche Archetyp-Grundenergie der Sternzeichen prägt deinen Antrieb? Wie beeinflusst dich dein Marszeichen darin, dass du für bestimmte Tätigkeiten besonders viel Kraft und Energie aufwenden kannst?*
Notiere hier deine Gedanken:

Meine Anregung: Stell dir Mars in den Sternzeichen vor wie dein ganz persönlicher individueller Treibstoff, und wenn du so willst, gibt es eben 12 verschiedene Astro-Treibstoffe. Marsenergie lässt uns morgens je nachdem schnell, beschwingt, langsam oder eher zäh aufstehen und beschreibt den individuellen Drive. Wenn du um die Stärken und Schwächen deines Antriebs weißt, kannst du auch in deinem Leben ein besseres Energiemanagement betreiben.

PLANETEN-HERRSCHER
des Widders und traditionell auch des Skorpions

MARS IN DEN ZEICHEN

♂

Dein Antrieb und deine Kraft

1

★ *In welchem Haus, sprich Lebensbereich, steht dein Mars?*
Mein Mars steht im Haus …

2

★ *In welchem Lebensbereich kannst du deinen Antrieb am kraftvollsten einsetzen? Wo ergibt es Sinn, dass du deine Mars-Power zum Ausdruck bringst? Zu erkennen, welcher Lebensbereich hier in deinem Horoskop unter Kraft und Power steht, kann wirklich dein Leben verändern. Kann es sein, dass du in diesem Lebensbereich auch mal Konflikte erlebst?*
Notiere hier deine Gedanken:

Wichtige Ergänzung

Mars in der Stellung im jeweiligen Haus verweist auf die Bereiche und Einsatzorte, in denen sich dein innerer Antrieb am besten entfaltet, aber auch die Bereiche, in denen du womöglich am ehesten auch Konflikte im Leben austrägst.

PLANETEN-HERRSCHER des Widders und traditionell auch des Skorpions

MARS IN DEN 12 ZEICHEN ♂

Marszeichen	Energie	Kraftausdruck	Energie fließt gut in folgende Tätigkeiten/Themen	Negativer Kraftausdruck
Widder	viel Energie und Begeisterung, verliert schnell Interesse	selbstbewusst und mutig	kurzfristige Projekte, Wettbewerb, Wettkampf, sportlicher Einsatz	Aggression, Streitlust, dickköpfig, impulsiv, wegen Ungeduld keine Ausdauer
Stier	beharrlich und ruhig ans Ziel, braucht etwas, um Kraft zu entwickeln	wenn Kraft da ist, konstant und durchhaltend	Genuss und Sicherheit, finanzielle Ziele und (materielle) Anschaffungen, Werteerhalt	zu bequem bis faul, kann sehr stur sein und auf eigenen Standpunkt beharren
Zwillinge	schnell und sehr aktiv, »Duracell«-Hasen-like, gewinnt Konflikte durch Scharfsinn	lebendig und flink	Alles, was interessant ist und den Geist anregt, Multitasking, mehrere unterschiedliche Projekte und Aufgaben gleichzeitig	überdreht, nervös, kennt keine körperlichen und geistigen Grenzen, Hast, Getrieben-Sein, Ungeduld
Krebs	schwächer, abhängig vom emotionalen Zustand, vermeidet eher direkte Konfrontationen	eher vorsichtig und emotional motiviert	Hilfe für andere und fürsorgende Bereiche wie Betreuung, Kochen, Hauswirtschaft, aber auch Kunst und Handwerk	passiv-aggressiv in Konfliktmomenten, Überempfindlichkeit, scheut Disharmonie
Löwe	stark und selbstbewusst, sehr vital, sportlich, kreativ und willensstark	mutig und stolz	Bühne, Showbusiness, Kunst, Musik, kreativer Ausdruck, evtl. Selbstständigkeit, Autorität, Unternehmergeist	selbstgerecht und streitsüchtig, ungeduldig, leicht beleidigt, manchmal zu dominant

Mars-zeichen	Energie	Kraftaus-druck	Energie fließt gut in folgende Tätigkeiten/Themen	Negativer Kraftausdruck
Jungfrau	effizient, gründlich, fleißig, großes Geschick und Klugheit	produktiv und realistisch	Handwerk, Detailarbeit, Organisation, Administration, Felder, in denen man ganz genau sein muss	zu selbstkritisch, zweifelt aber auch das Können der anderen an, pedantisch
Waage	kompromissbereit, auf Kommunikation ausgerichtet	schwankend und zögerlich	Ästhetik ist wichtig und kann sich daher gut in Kunst oder Mode ausdrücken, Verkauf, Handel, Beziehungen, Rechtsfragen	Konfliktscheue, oft unentschlossen, »Fähnchen im Wind«, unbeständig
Skorpion	handelt intuitiv, kraftvoll, selbstermächtigt, leidenschaftlich	intensiv und hartnäckig	Beziehungen, Gefühlswelt, Psychologie, Machtbereiche, starke Willenskraft	provokativ, manipulativ, eifersüchtig, besitzergreifend, kompromisslos
Schütze	engagiert, auch sportlich aktiv, initiativ	enthusiastisch und impulsiv	Moral, Projekte, die eigene Ideale widerspiegeln, will die Welt verbessern	Grenzen austesten, was auch gefährlich sein kann, streitlustig, maßlos
Steinbock	selbstständig, effizient, verantwortungsbewusst, diszipliniert, standhaft	ehrgeizig und beständig	Management, Karriere, Pflichten, Strukturfindung und Planung, Regeln und Gesetze	Tendenz zum Workaholictum, Härte, Groll, Strenge, nachtragend
Wasser-mann	unternehmungslustig, gruppenorientiert, freiheitlich	eigenwillig und unabhängig	technische und intellektuelle Beschäftigung, Teamgeist, Freiheit, Individualität, Humanitäres	Rebellion, Zerstreuung, zu eigensinnig, egozentrisch
Fische	passiv, instinkthaft, sensibel, im Flow	indirekt und nach innen gerichtet	Wohlergehen der Mitmenschen, Hilfe für andere, Heilung, Spiritualität	willensschwach, naiv, täuscht sich oder andere, vernebelter Verstand

PLANETEN-HERRSCHER
des Widders und traditionell auch des Skorpions

MARS IN DEN 12 HÄUSERN ♂

Astrologisches Haus	Eigenheiten und sinnvoller Energieeinsatz	Mögliches Konfliktfeld/ Schwierigkeiten
1. Haus	physische Vitalität, Wettbewerb und Herausforderungen, starke Ausstrahlung/Auftritt	direkt und konfliktbereit, neigt zur Rücksichtslosigkeit, Anfälligkeit für Unfälle
2. Haus	starke Durchsetzungskraft, sich eine finanzielle Basis aufbauen und Einsatz für Werte aller Art, auch Selbstwert	gibt allzu gerne vielleicht auch impulshaft Geld aus, kann zu besitzergreifend mit Menschen und Dingen sein
3. Haus	starke Gedankenkraft, kraftvoller sprachlicher Ausdruck, Lernen, Wissen, Informationsweitergabe, Kommunikation	provokanter Ausdruck, will sich sprachlich und intellektuell in Streits bewähren, eventuell Probleme mit Geschwistern
4. Haus	beschützt seine Liebsten und Familie mit Haut und Haar, Spürsinn/Instinkt für Stimmungen, übernimmt zuhause Führung	gefühlsmäßige Unruhe, Kampf der Emotionen/Stimmungen, lebhafte und manchmal konfliktintensive familiäre Dynamik
5. Haus	natürliche Bühnenpräsenz, Siegertyp, sehr gewinnend, viele ehrgeizige Hobbys, stolz, kraftvoll, lebensbejahend	neigt zur Vergnügungssucht, Glücksspiele, riskante/gefährliche sportliche Aktivitäten, kindisches Verhalten
6. Haus	sehr ausdauernd, hat viel Power, um den Alltag und Arbeit gut zu meistern, schnell, eifrig, nimmt berufliche Herausforderungen mutig an	Ungeduld, Rivalität im Berufsfeld, Konkurrenzdruck unter Kolleg*innen, Workaholic-Indikator, Risikobereitschaft im Beruf
7. Haus	sehr forsch in Liebesangelegenheiten, starke sexuelle Begierde, sucht stimulierende Beziehungen, egal ob privat oder beruflich	Beziehung als Kriegsfeld, Konflikte und Streitlust in der Partnerschaft, Rivalität zwischen (Geschäfts-)partner*innen

Astrologisches Haus	Eigenheiten und sinnvoller Energieeinsatz	Mögliches Konfliktfeld/ Schwierigkeiten
8. Haus	sehr furchtlos, kriminologisches Talent, tiefe Kraft, sehr findig mit Lösungen aller Art, mag Detektivspiele und psychologische Herausforderungen	mögliche Gewalt-Traumata in der frühen Kindheit, Schuldgefühle, Auto-Aggression, Rücksichtslosigkeit, Grenzüberschreitungen
9. Haus	besitzt eine sehr starke Meinungskraft, steht mutig zu den eigenen Überzeugungen, will die Welt verbessern, gebildet, kann anderen gut Wissen vermitteln	religiöser oder spiritueller Fanatismus, Konflikte, weil man sich immer im Recht meint, setzt seine persönlichen Moralvorstellungen aggressiv und provokativ durch
10. Haus	sehr ehrgeizig und erfolgsorientiert, durchsetzungsfähig, Karrierist, Machertypus, autoritär, selbstständig, Führungsqualität und organisatorische Fähigkeiten	setzt Bestrafungen für Fehlverhalten ein, dominantes Machtgehabe, Kontrollwahn, macht eigene Gesetze, schränkt andere ein
11. Haus	beste*r Partyplaner*in, Engagement für Netzwerke, Freund*in, starker Einsatz für wohltätige Zwecke, stark in Teamwork, kraftvoll für eigenen individuellen Lebensweg	Konflikte in Freundschaften, Tendenz sich zu verzetteln und auf zu vielen Hochzeiten zu tanzen, will in Gruppen immer Anführer*in sein
12. Haus	starke spirituelle und emotionale Kraft, ruhende Kraft, Ausdruck in Achtsamkeit oder Meditation, lebendige Traumwelt, selbstloser Einsatz für Hilfsbedürftige, starke Heilkraft	leidet unter unterdrückter Wut und diffusen Ängsten, fühlt sich zu Unrecht verfolgt, Antriebsschwäche, Gefühl des Gelähmtseins, Opfer-Täter-Dynamiken

PLANETEN-HERRSCHER des Widders und traditionell auch des Skorpions

MEIN MARS IM HOROSKOP

♂

Dein Antrieb und Kraft

Fasse nun deine Erkenntnisse in deiner Astrogleichung zusammen:

Mein Mars im Tierkreiszeichen: ....

\+

Mein Mars im Haus: ....

=

Mein Geburtsmars: ....

....

Tipp

Nimm dir für die Deutung auch noch gerne meine Astro-Cards zur Hilfe.

★ Suche dir das Zeichen und das Haus, in denen dein Mars steht, heraus und lege die drei Karten nebeneinander: *Was siehst du auf den Karten? Was nimmst du ganz intuitiv für Verbindungen wahr?*

....

....

....

....

PLANETEN-HERRSCHER des Schützen und traditionell auch der Fische

JUPITER ♃

Ideale und Weite

1

★ Jupiter in den Sternzeichen: Dieser Archetyp prägt die eigenen Ideale, Moral und Lebenssinn. *In welchem Zeichen steht dein Jupiter? Wie beeinflusst dieses Tierkreiszeichen dich und deinen eigenen Lebenssinn?* Mein Jupiter steht im Tierkreiszeichen ...

2

★ *In welchem Haus wirkt dein Jupiter?* Mein Jupiter steht im Haus ...

Jupiter in der Stellung im jeweiligen Haus zeigt, in welchen Bereichen wir optimistisch sind. Hier weitest du dein Dasein aus und machst Dinge in großem Stil und möchtest viele Erfahrungen sammeln. *In welchem Lebensbereich darfst du damit groß und weit denken?*
Notiere hier deine Gedanken:

PLANETEN-HERRSCHER des Schützen und traditionell auch der Fische

JUPITER ♃

IN DEN 12 ZEICHEN/HÄUSERN

Sternzeichen	Ideale	Energieausdruck	Astrologisches Haus	Deine Potenzialentfaltung
Widder	positive Selbstbehauptung und Bestreben, zu überzeugen	kämpft mutig für seine persönlichen Ziele und Werte	1. Haus	Führungsqualität, weil andere dir vertrauen
Stier	(innerer) Reichtum und Fülle, Schutz von Natur und Kulturgut	großzügiges Wesen, strebt nach Zufriedenheit	2. Haus	materieller Besitz und Sicherheit kann größtes Glück sein
Zwillinge	Vernunft, Wissen und ein intelligenter Geist als höchstes Gut	stellt gerne Werte und Moral intellektuell in Frage, studiert gerne und/oder schreibt	3. Haus	als überzeugende*r Redner*in, Lehrer*in, Wissensvermittler*in
Krebs	Familienwerte, Heimatliebe, Traditionen, Schutz/Hilfe für Andere	sehr gutmütig und fantasievoll, Mitgefühl für Schutzbedürfnisse	4. Haus	gute*r Gastgeber*in, lässt andere sich zuhause fühlen, Vertrauen in Ahnen
Löwe	kreatives Erschaffen & Spaß, Selbstbewusstsein und Optimismus	viele herausragende Talente, starke Strahlkraft auf Andere	5. Haus	Schauspiel und Bühnentalent, starkes Charisma, »Glückskind«
Jungfrau	Organisation, Vernunft, Pragmatismus und Planung, heilige Ordnung (z.B. Feng Shui)	Sinn für Ordnung, Vorbild für Tugend und Bescheidenheit	6. Haus	Heiltätigkeiten, evtl. Mediziner*in, gute Gesundheit und/oder übertriebene Selbstoptimierung
Waage	die hohe Kunst der Diplomatie, Frieden und Fairness	will alles verschönern, Tendenz zu Schönheitswahn und Beziehungssucht	7. Haus	eventuell durch Beziehung zu Wohlstand, sehr hohe Beziehungsideale

Gesellschaftsplaneten

Sternzeichen	Ideale	Energieausdruck	Astrologisches Haus	Deine Potenzialentfaltung
Skorpion	Psychologie, Mysterien, Spiritualität, Schamanismus, Schattenarbeit, Macht und Einfluss auf Andere	besitzt starke Manifestationskräfte, magische und heilende Transformation	8. Haus	Reichtum durch Erbschaft, findet meist in Krisen auch Wert der Weiterentwicklung und höheren Sinn
Schütze	Toleranz, Abenteuer, Inspiration, das Leben als glückliche Reise, Lernen und Lehren	große Überzeugungskraft, kann weise*r Lehrer*in und Ratgeber*in sein	9. Haus	sehr hohe Wertvorstellungen, Literatur, Schriftstellertum, Philosophie, Bildung und Reisen
Steinbock	Disziplin, Pflichtgefühl, Verantwortung, Ehrlichkeit	sehr verbindlich, zuverlässig, hält sich an Regeln und Traditionen und bewahrt sie	10. Haus	das »Vitamin B« bringt weiter, erhält vielleicht eine würdevolle Aufgabe oder Stellung, erfolgsversprechende Karriere
Wassermann	Erfindergeist, Freiheit, Innovation, Zukunftsdenken, hat ein starkes Gleichheitsgefühl	hohes Interesse an Menschenrechten, will die Menschheit und Welt retten	11. Haus	Altruismus, Soziales, Offenheit für moderne neue Technik, Toleranz für anderes Denken und Humanität
Fische	Philanthropie, Philosophie des Friedens, Nächstenliebe, Mitgefühl und Intuition	sehr gütig, innerer Frieden, Botschaften von der geistigen Welt	12. Haus	Rückzug vom Lärm der Welt, innere Stille, Meditation, Schutzengel-Energie

PLANETEN-HERRSCHER des Schützen und traditionell auch der Fische

MEIN JUPITER IM HOROSKOP ♃

Ideale und Weite

Fasse nun deine Erkenntnisse in deiner Astrogleichung zusammen:

Mein Jupiter im Tierkreiszeichen: ……………………………

+

Mein Jupiter im Haus: ……………………………

=

Mein Geburtsjupiter: ……………………………

……………………………

Tipp

Nimm dir für die Deutung auch noch gerne meine Astro-Cards zur Hilfe.

★ Suche dir das Zeichen und das Haus, in denen dein Jupiter steht, heraus und lege die drei Karten nebeneinander: *Was siehst du auf den Karten? Was nimmst du ganz intuitiv für Verbindungen wahr?*

……………………………

……………………………

……………………………

……………………………

PLANETEN-HERRSCHER
des Steinbocks und traditionell auch des Wassermanns

SATURN ♄

Grenzen und Lektion

1

★ *In welchem Zeichen steht bei dir Saturn? Was sagt dein Saturn im Zeichen über dich und deinen Umgang mit den Lektionen in deinem Leben aus?* Saturn in den Zeichen zeigt Grenzen und Verantwortungsgefühl des jeweiligen Archetyps und wie wir mit Prüfungen und Blockaden umgehen. Mein Saturn steht im Sternzeichen …

2

★ Saturn steht bei mir im Haus ...

Saturn in der Stellung im jeweiligen Haus zeigt, in welchen Bereichen in deinem Leben möglicherweise an Struktur, Disziplin und Verantwortung mangelt. Ebenso verweist er auf das Karma aus früheren Leben.
Was könnte das für dich bedeuten? Erlebst du diesen Lebensbereich vielleicht wirklich wie eine (karmische) Baustelle?
Notiere hier deine Gedanken:

PLANETEN-HERRSCHER
des Steinbocks und traditionell auch des Wassermanns

SATURN ♄

IN DEN 12 ZEICHEN/HÄUSERN

Sternzeichen	Eventuelle Hemmung	positives Saturn Prinzip	Astrologisches Haus	Saturns Einfluss-Gebiet
Widder	Eigeninitiative	starke Führungsqualität, Selbstbewusstsein und Durchsetzungsvermögen, gute Konfliktführung, handelt aus eigener Kraft	1. Haus	Selbstkontrolle, neigt dazu, sich als Einzelgänger*in zu sehen, Gefühle von Minderwertigkeit und Unsicherheit müssen überwunden werden
Stier	durch Verlustängste	Standhaftigkeit, vernünftiger unf reifer Umgang mit Finanzen und Werten, hartnäckig, loyal, Beständigkeit	2. Haus	darf lernen, Geld und Ressourcen zu sparen, um Sicherheit aufzubauen, oftmals zahlt sich harte Arbeit für Wohlstand aus
Zwillinge	führt zu Pessimismus	mentale Stabilität, positive Disziplinierung des Geistes, komplexe Gedankengänge, kann sich geistig gut konzentrieren, methodisches Denken	3. Haus	Fähigkeit, sich auf komplexe Themen zu konzentrieren, strategisches Denken, darf Schwierigkeiten in der Kommunikation überwinden
Krebs	unterdrückte Gefühle	ausgewogene Selbstfürsorge, reifer Umgang mit den eigenen Emotionen, Bewahren von positiven Erinnerungen, Schutz und Verantwortung für Familie	4. Haus	ehrliche Reflexion über Werte, Wurzeln und Einfluss der Familie. mit dem Ziel eine (emotionale) Heimat zu finden, Vorsicht: nicht in der Vergangenheit leben!
Löwe	Selbstausdruck	souveräner Umgang mit dem eigenen Bedürfnis nach Aufmerksamkeit, großmütige Autorität, starker Wille	5. Haus	finde die Balance zwischen Pflichterfüllung und kreativer Selbstverwirklichung und zwischen Spaß und Ernsthaftigkeit
Jungfrau	führt zu Minderwertigkeitsgefühlen	gesunder erwachsener Menschenverstand, erkennt den eigenen Wert für die Gemeinschaft, pflichtbewusst, effizient, sparsam	6. Haus	Freude bei der Arbeit, gesunde verantwortungsvolle Ernährung und Gesundheitsvorsorge, darf aus der Opfer- und Aschenputtel-Haltung aussteigen

Sternzeichen	Eventuelle Hemmung	positives Saturn Prinzip	Astrologisches Haus	Saturns Einfluss-Gebiet
Waage	zeigt sich in Kompromisslosigkeit	Verantwortung für die eigene Moral, gerechter Umgang mit Mitmenschen, heilvolle Erkenntnis, dass für gute Beziehungen auch beide Partner*innen arbeiten müssen, Harmoniebewusstsein	7. Haus	Angst vor Beziehungen darf überwunden werden, Ziel: eine sichere und verantwortungsvolle Partnerschaft zu führen, Tendenz reifere Partner*innen anzuziehen
Skorpion	führt zu Rastlosigkeit	mediale Fähigkeit, wenn man Rache und Machtgelüste überwindet, wird man und zu einem sehr einflussreichen Menschen, versteht und lebt Regeln des Karmas	8. Haus	neigt zur Selbstkasteiung oder Selbstbestrafung, man darf die karmischen Aufgaben im Leben erkennen und bewusst annehmen
Schütze	in der eigenen Lebensphilosophie	Zufriedenheit, man kann die eigenen Ideale und Werte wahrhaftig erkennen und formulieren, Vertrauen, Respekt	9. Haus	reifer Umgang mit Religion, Glaube und Philosophie, Sinn finden durch lebensnahe Weltanschauung und Wissen, gute*r Lehrer*in
Steinbock	führt zu permanenter Selbstkritik	Vertrauen in das Universum, gesunder Realismus, verantwortungsbewusste Autorität, darf Strenge ablegen und mehr Milde leben, kann sehr weise sein	10. Haus	Zu strenger Wunsch nach Status und Erfolg, eine gewisse Spießigkeit und Strenge darf überwunden werden, Selbständigkeit, strukturiertes Business
Wassermann	zeigt sich durch fehlende Selbstdisziplin	praktischer Menschenverstand, kann strukturierte Konzepte für die Gemeinschaft und Zukunft zu kreieren	11. Haus	Angst vor Gruppen überwinden, treue und lange Freundschaften, ernsthafte soziale Ziele
Fische	Schwierigkeit, Alltag zu bewältigen	kann gut im Hintergrund und Rückzug arbeiten, muss sich aufs Wesentliche konzentrieren, energetische Abgrenzung von anderen ist wichtig	12. Haus	Selbstkontrolle mit virtuellen Welten, Internet, Spiritualität, kann abdriften, blockiert sich in Traumfähigkeit

PLANETEN-HERRSCHER
des Steinbocks und traditionell auch des Wassermanns

MEIN SATURN IM HOROSKOP

♄

Grenzen und Lektion

Fasse nun deine Erkenntnisse in deiner Astrogleichung zusammen:

Mein Saturn im Tierkreiszeichen: ....

\+

Mein Saturn im Haus: ....

=

Mein Geburtssaturn: ....

....

Tipp
Nimm dir für die Deutung auch noch gerne meine Astro-Cards zur Hilfe.

★ Suche dir das Zeichen und das Haus, in denen dein Saturn steht, heraus und lege die drei Karten nebeneinander: *Was siehst du auf den Karten? Was nimmst du ganz intuitiv für Verbindungen wahr?*

....

....

....

....

URANUS

♅ ⛢

Veränderung und Neubeginn

1

★ Uranus in den Sternzeichen: Große Gruppen von Menschen innerhalb einer Generation haben dasselbe Uranus-Zeichen und damit vermutlich einen ähnlichen humanitären Spirit und Freigeist. Im Geburtshoroskop verrät seine Stellung in den Zeichen, in welcher Weise wir nach Freiheit und Unabhängigkeit streben. *Wie zeigt sich hier dein Freigeist und Wunsch, immer im Wandel zu sein?*
Mein Uranus steht im Tierkreiszeichen …

Kannst du dich mit den Beschreibungen dieses Uranuszeichens identifizieren?

Wichtig

In der klassischen alten Astrologie galt bis zur Entdeckung von Uranus 1781 durch William Herschel Saturn als Herrscher des Wassermanns! Somit zeigt sich auf S. 67 bei den klassischen auch Saturn als Domizil.

2

★ Mein Uranus steht im Haus…

Uranus in der Stellung im jeweiligen Haus verweist auf die Bereiche und Themen im Leben, in denen du vielleicht schon Unabhängigkeit lebst oder viel mit Umbrüchen und Veränderungen zu tun hast. *In welchem Bereich deines Lebens erlebst du viele Veränderungen beziehungsweise stößt selbst oft einen Wandel an? Wo, in welchem Lebensbereich (Haus) lebst du besonders Unabhängigkeit?*
Notiere hier deine Gedanken:

★ *Kannst du es in diesem Lebensbereich überhaupt annehmen, in konstanter Veränderung zu sein?*

PLANETEN-HERRSCHER des Wassermanns

MEIN URANUS

IN DEN 12 ZEICHEN/HÄUSERN

Sternzeichen	Uranusausdruck	Eigenschaften	Astrologisches Haus	Uranuswirkung
Widder	Willensfreiheit	liebt es, etwas „Neues“ zu erobern (Projekte, Themen, etc.), stellt im Negativen eigene persönliche Freiheit über Bedürfnisse Anderer	1. Haus	Unberechenbarkeit, unkonventionelle Persönlichkeit und Lebensstil
Stier	Freiheit, Dinge nicht beim »Alten« zu belassen	Veränderungen sind nicht so willkommen, man wehrt sich stur gegen Wandel, hat praktische Ideen, um aus „Alten“ „Neues“ zu machen	2. Haus	ungewöhnlicher oft riskanter Umgang mit Werten und Geld, finanzielle Freiheit
Zwillinge	Ideenfreiheit	will unbedingt Gedanken und Meinung frei ausdrücken, oft rebellische Worte, so viele Ideen dürfen auch umgesetzt werden	3. Haus	exzentrischer, schneller und sprunghafter Geist, Neugier, humorvolles Genie, Freigeist
Krebs	Flucht von Familie/Heimat	blitzartige Intuition, außergewöhnliches Familienleben oder Zuhause, spirituelle Wahl- Familie, freiheitlicher Erziehungsstil	4. Haus	Wunsch, häufig umzuziehen, ungewöhnliches Verhältnis zu Eltern oder Heimat
Löwe	Kreative Freiheit	will selbst gerne kreative und innovative Trends setzen, sehr freiheitliche und mutige Einstellung zur persönlichen Lebensgestaltung	5. Haus	hält sich nur schwer an die sozialen Spielregeln der Gesellschaft, unerwartetes Glück und liebt Flirten
Jungfrau	Methodische Freiheit	zwischen Extremen: wehrt sich gegen festgefahrene Routinen oder verharrt darin, intelligente Forschungsfähigkeit	6. Haus	will seine Routinen und Arbeitsbedingungen gerne selbst und frei bestimmen, Ungeduld, Nervosität

Sternzeichen	Uranusausdruck	Eigenschaften	Astrologisches Haus	Uranuswirkung
Waage	Unabhängige Beziehungen	schwankt zwischen Bindungsangst, dem Wunsch nach individuellen freiheitlicheren Bindungsformen und sich binden zu wollen	7. Haus	möchte auch in Beziehungen persönliche Freiheit leben können, lebt auch gut als Single, unabhängig
Skorpion	Hemmungslosigkeit	intensive Vorahnungen, lebt eine innere und äußere Revolution, auch sexueller Freiheitsanspruch, Tabubrüche	8. Haus	unerwartete Erbschaften oder finanzielle Gewinne, fähig, das eigene Leid in Stärke zu wandeln
Schütze	Glaubensfreiheit	weltverbessernde Visionen, teilweise auch radikale Ideen und selbst intolerant, Gespür für Trends, origineller und humorvoller Geist	9. Haus	neigt zu Anarchie und will alte Glaubenssysteme stürzen, besitzt ein freies und wildes Ideengut
Steinbock	Pflichtbefreiung	hängt an Traditionen oder Hierarchien und/oder will sie durchbrechen, will oft keine Verantwortung übernehmen	10. Haus	geht beruflich einen sehr exzentrischen, eigenen Weg und lässt sich nur schwer beruflich beraten
Wassermann	purer Freigeist	glaubt an Innovationen der Wissenschaften und Technik, Rebellion, Einsamkeit, emotionale Distanz, Meinungsfreiheit	11. Haus	braucht Freundschaften, in denen vor allem die eigene Individualität gelebt werden kann
Fische	Weltenflucht	humanitäre Opferbereitschaft, wunderbar kreatives Potenzial für echte Innovationen, sucht Erlösung in Fantasiewelten oder Süchten	12. Haus	sucht innere Freiheit unbewusste Bilder, prophetische Träume

PLANETEN-HERRSCHER des Wassermanns

MEIN URANUS IM HOROSKOP

Veränderung und Neubeginn

Fasse nun deine Erkenntnisse in deiner Astrogleichung zusammen:

Mein Uranus im Tierkreiszeichen: ....

+

Mein Uranus im Haus: ....

=

Mein Geburtsuranus: ....

....

Tipp

Nimm dir für die Deutung auch noch gerne meine Astro-Cards zur Hilfe.

★ Suche dir das Zeichen und das Haus, in denen dein Uranus steht, heraus und lege die drei Karten nebeneinander: *Was siehst du auf den Karten? Was nimmst du ganz intuitiv für Verbindungen wahr?*

....

....

....

....

PLANETEN-HERRSCHER der Fische

NEPTUN

Träume und Geist

1

★ *In welchem Zeichen steht dein Neptun? Was ist das Thema der Generation?* Neptun ist in den Zeichen nur von Bedeutung, wenn Neptun einen starken Aspekt zur Sonne, Mond oder persönlichen Planeten im Horoskop bildet. Beispielsweise eine Konjunktion oder ein Quadrat. Mein Neptun steht im Sternzeichen …

Meine Generation von 1984–1998 teilt sich den Neptun im Steinbock. Man zeigt sich auf spiritueller Ebene sehr verantwortungsbewusst und besonnen. Ich weiß, es mag sich wie die Quadratur des Kreises anhören, aber ich empfinde es so, dass es auch die Aufgabe meiner Generation ist, Spiritualität bodenständig zu begreifen und zu vermitteln. Mich persönlich erdet die Beschäftigung mit Astrologie und oder anderen spirituellen Wissensbereichen.

2

★ *In welchem Haus, sprich Lebensbereich, steht dein Neptun?*
Mein Neptun steht im Haus ...

Neptun in der Stellung im jeweiligen Haus verweist auf die Bereiche, in denen man gern mal vor der Realität flüchtet, an Sehnsüchten oder Sucht leidet und Verwirrungen oder Täuschungen erlebt. Es ist ebenso der Bereich, in dem man Spiritualität praktiziert oder geistige mediale Arbeit ausübt.
Notiere hier deine Gedanken:

Anmerkung

Häufig erlebe ich Neptun im Geburtshoroskop wie eine astrologische Nebelmaschine, die die Lebensbereiche (Häuser) und deren Wirkung in unserem Leben oft unklar erscheinen lässt. Zum Beispiel macht Neptun im 6. Haus vielleicht den eigenen Berufsweg für einen Menschen möglicherweise schwer greifbar.

PLANETEN-HERRSCHER der Fische

MEIN NEPTUN

IN DEN 12 ZEICHEN/HÄUSERN

Neptunzeichen*	Generationsthema
Jungfrau ca. 1928/29-1942/43	selbstlose Arbeit, Wirtschaftskrise, kränkelnde Gesellschaft, Gesundheitsgedanken
Waage ca. 1942/43-1956/57	Nachkriegsgeschichte, zerrüttete Familiengeschichten, Künstlertum, Fairness
Skorpion ca. 1956/57-1970	(Drogen-) Rausch, Medialität, Macht(-missbrauch), Aberglaube, Geheimnisse
Schütze ca. 1970/71-1984	Religion, Visionen, Wiederentdeckung der Spiritualität, Weltverbesserer
Steinbock ca. 1984/85-1998	Respekt vor Regeln, bodenständig, Zusammenbruch alter Systeme, Pflichtgefühl, realistischer Umgang mit Spiritualität
Wassermann ca. 1998/99-2011/12	gute Instinkte, humanitäre Ideale, sehr theorieaffin, Wissenschaft
Fische ca. 2011/12-2024/26	fantasievoll, Empathie, Fluchtverhalten, parapsychologische Fähigkeiten, Rückzug, Kontemplation, realitätsfern

** Ich erwähne hier nur die relevanten Generationen.*

Astrologisches Haus	Neptunwirkung
1. Haus	Künstlerpersönlichkeit, verträumt, empathisch, neigt zu Opferhaltung, guter Instinkt
2. Haus	Fehlinvestitionen oder Kaufsucht, darf finanziellen Rat annehmen und/oder hat einen angeborenen Instinkt für gute Geschäfte
3. Haus	bildhafte Sprache, Verplantheit, Gedankenlesen, Konzentrations- und Sprachprobleme, Lügen
4. Haus	Unklare Familienverhältnisse, Unsicherheit bezüglich Wurzeln und Heimat. Was bedeutet Zuhause? Liebt bedingungslos, sehr fürsorgend, fühlt sich verloren
5. Haus	Hang zum Drama, eventuell chaotisches Liebesleben, Flirten, kreative Begabungen, lässt sich leicht mitreißen
6. Haus	oft hilflos mit täglichen Aufgaben, unzuverlässig, eingebildete Krankheiten, empfänglich für Homöopathie, feinstoffliche*r Heiler*in
7. Haus	hoffnungslos romantisch, will häufig Partnerschaften retten, seelenverwandte Liebe, bringt viele Opfer für Beziehungen, sieht das Gute im Menschen
8. Haus	Verschwommenheit der Grenzen, darf mehr Verantwortung für Finanzen übernehmen, Todessehnsucht oder Angst vor Tod, sucht in Sexualität nach Verschmelzung, mediale Gaben
9. Haus	religiöser Fanatismus, gute Fähigkeit, in weitere Bewusstseinszustände zu gelangen, Luzides Träumen, schamanisches Reisen, Trance, Vertrauen an die Geschicke des Universums
10. Haus	künstlerischer oder ungewöhnlicher Karriereweg
11. Haus	Möglicherweise negativer Einfluss durch Freunde/Gruppen, darf gesundes Misstrauen entwickeln, Seelenverwandte
12. Haus	starke Intuitionsgabe, Verwirrtheit, Schuldgefühle, muss sich zwangsläufig mit Spiritualität beschäftigen

PLANETEN-HERRSCHER der Fische

MEIN NEPTUN IM HOROSKOP

Träume und Geist

Fasse nun deine Erkenntnisse in deiner Astrogleichung zusammen:

Mein Neptun im Tierkreiszeichen: ____________________

\+

Mein Neptun im Haus: ____________________

=

Mein Geburtsneptun: ____________________

____

Tipp

Nimm dir für die Deutung auch noch gerne meine Astro-Cards zur Hilfe.

★ Suche dir das Zeichen und das Haus, in denen dein Neptun steht, heraus und lege die drei Karten nebeneinander: *Was siehst du auf den Karten? Was nimmst du ganz intuitiv für Verbindungen wahr?*

____

____

____

____

PLANETEN-HERRSCHER des Skorpions

PLUTO ♇

Schatten und Mystik

1

★ *In welcher Pluto-Generation wurdest du geboren?*
Mein Pluto steht im Sternzeichen …

Kannst du dich mit den Themen und Schatten deiner Generation identifizieren? Wenn ja, warum?

2

★ *In welchem Haus wirkt Pluto in deinem Horoskop?*
Mein Pluto steht im … Haus.

Was sagt dein Pluto im jeweiligen Haus über wichtige Themen aus, die du vielleicht transformieren darfst?
Notiere hier deine Gedanken:

Meine Generation 1984 bis 1995 mit Pluto im Skorpion setzt sich intensiv mit Grenzthemen wie Leben und Tod, Okkultismus oder Mystik auseinander. Daher wahrscheinlich mein Interesse für die Tiefen der Spiritualität.

PLANETEN-HERRSCHER des Skorpions

MEIN PLUTO ♇

IN DEN 12 ZEICHEN/HÄUSERN

Plutozeichen*	Generationswandel/Aufgabe
Krebs ca. 1914-1939	Patriotismus, Idealbild der Familie, Missbrauch des Volks- und Heimatgedankens, intuitive Fähigkeiten, Mitgefühl und Empathie entwickeln
Löwe ca. 1939-1957	Führungspersönlichkeiten, neues Selbstverständnis der eigenen Person, extreme Leidenschaften, Wiederentdecken von Freude
Jungfrau ca. 1957-1972	große Fortschritte in der Landwirtschaft, Nahrungswirtschaft und Medizin, vertiefte Auseinandersetzung mit Gesundheit
Waage ca. 1972-1984	Fortschritte u.a. in Bezug auf die rechtliche Gleichstellung der Frau, gerechter Austausch von Ideen, um Miteinander verbessern
Skorpion ca. 1984-1995	Sexuelle Übertragungskrankheiten, Kriminalität, Sorge um Atomkraft und Umweltzerstörung, Verborgenes wird ans Licht gebracht, großes Potenzial
Schütze ca. 1995-2008	Glaubenskrisen und Kirchen- Skandale, religiös motivierte Anschläge, aktive Auseinandersetzung mit Spiritualität und okkulten Wissenschaften
Steinbock ca. 2008-2023	Krisen durch patriachale Strukturen, veraltete Traditionen, Reformen und Gesetze wanken, politische Kontroversen, Veränderung gesellschaftlicher Strukturen

* *Ich erwähne hier nur die relevanten Generationen.*

Astrologisches Haus	Plutowirkung
1. Haus	Intensive Persönlichkeit, Machtgelüste, große seelische Kraft bewirkt eindrucksvollen Auftritt, kann einschüchtern, stete Persönlichkeitstransformation
2. Haus	zwischen finanziellen Existenzängsten und Reichtum, extremer Umgang mit materiellen Ressourcen, starkes Bedürfnis nach Kontrolle über eigenen Besitz
3. Haus	Misstrauen, exzessives Forschen, tiefer Wissensdrang, extreme Neugier, oft auch dunkle Gedanken, starke Überzeugungskraft in Wort/Schrift
4. Haus	psychologische Begabungen, Familienprobleme, -traumata oder -geheimnisse, von denen man sich befreien muss, hat eventuell manipulative Eltern erlebt, löst Familienkarma
5. Haus	magnetische Präsenz, darf Hemmung im kreativen Ausdruck kraftvoll überwinden, magische Gestaltungskunst, Machtspiele
6. Haus	Besessene*r Arbeiter*in, berufliche Machtentfaltung, möglicherweise wird man durch Fleiß einflussreich, Neigung zu Paranoia, psychosomatische Leiden
7. Haus	karmische Seelenpartnerschaften, intensive Bindungen, Machtspiele in Beziehungen, Kontrolle aus Misstrauen, Lug und Betrug in Beziehungen
8. Haus	gestärkte Intuition, zwischen Macht und Ohnmacht, starke Sexualität, gut in der Traumaarbeit oder Sterbebegleitung, Magie und Okkultes
9. Haus	sucht ungewöhnliche Erfahrungen, erlebt Transformation durch Reisen oder Studien, spiritueller Machtmissbrauch, »machtbesessener Guru«
10. Haus	Gesellschaft von Nutzen zu sein, besitzt guten Instinkt für das eigene Karrierestreben
11. Haus	glaubt tief an die Kraft der Gemeinschaft, um notwendige Veränderungen zu bewirken, Interesse für politische Prozesse, Freiheitsdrang
12. Haus	intensive Abkehr, Gefahr: Depressionen oder süchtiges Verhalten, Ohnmacht, tiefe innere Heilkraft, Intuition, Traumdeutung, kann gut im Hintergrund wirken

PLANETEN-HERRSCHER des Skorpions

MEIN PLUTO IM HOROSKOP

♇

Schatten und Mystik

Fasse nun deine Erkenntnisse in deiner Astrogleichung zusammen:

Mein Pluto im Tierkreiszeichen: ....

+

Mein Pluto im Haus: ....

=

Mein Geburtspluto: ....

....

Tipp

Nimm dir für die Deutung auch noch gerne meine Astro-Cards zur Hilfe.

★ Suche dir das Zeichen und das Haus, in denen dein Pluto steht, heraus und lege die drei Karten nebeneinander: *Was siehst du auf den Karten? Was nimmst du ganz intuitiv für Verbindungen wahr?*

....

....

....

....

CHIRON

In welchem Zeichen steht dein Chiron bei dir im Horoskop?
Dein Chiron im Zeichen beschreibt deine inneren wunden Punkte und Verletzungsthemen anhand des Archetyps des Sternzeichens. Er verweist auch auf verborgene Gaben.
Mein Chiron steht im Sternzeichen …

Wie beschreibt dein Chiron im Zeichen deine größte Wunde? Welche Eigenschaften besitzt du womöglich, um die Schattenthemen, die es von Schmerz zur Heilung hin gibt, zu erlösen und zu deiner größten Gabe zu machen? Notiere hier deine Gedanken:

★ *In welchem Haus, sprich Lebensbereich, steht dein Chiron?*
Mein Chiron steht im Haus ....

★ *Welche spürbaren Wirkungen hat das auf dein Leben? Wo fühlst du dich oft nicht genug oder abgelehnt?* Chiron in der Stellung im jeweiligen Haus verrät, in welchen Bereichen des Lebens du vielleicht allzu verletzlich auf die Reaktionen von anderen reagierst und häufig Ablehnungen erwartest. Diese Bereiche wollen gesehen und geheilt werden.
Notiere hier deine Gedanken:

MEIN CHIRON

IN DEN 12 ZEICHEN/HÄUSERN

Chiron in den Zeichen	Deine größte Wunde/Angst	Deine größte Gabe	Astrologisches Haus	Schmerzlichster Bereich/Aufgabe
Widder	Angst vor der eigenen Kraft, Wut und Mutlosigkeit für sich einzustehen	Andere zu ermutigen, Konfrontation mit ureigenen Egothemen	1. Haus	wie andere dich wahrnehmen
Stier	Panik vor Besitzlosigkeit und Sicherheitsverlust, Angst, nicht genug zu haben	Anderen innere Sicherheit zu schenken	2. Haus	finanzielle Sicherheit zu erlangen
Zwillinge	häufig Sprachprobleme/extreme Schüchternheit, du traust dich nicht zu sprechen, Angst, dich selbst auszudrücken	deine Stimme der Welt zu schenken, über die eigene Wunde sprechen	3. Haus	über Traumata sprechen
Krebs	die Mutterwunde, Verletzungen durch Mutter oder Angst, Mutter zu werden, Angst, verlassen zu werden	dich heilsam mit dem Thema Mutterschaft auseinanderzusetzen	4. Haus	eine psychologische Gabe leben
Löwe	Verletzungen in evtl. Bezug auf den Vater. Gefühl, dass du selbst und das eigene Talent nicht wirklich gesehen wird, Angst vor Sichtbarkeit	aus dem Schatten von jmd. anderen treten und eine Bühne finden	5. Haus	auftreten und im Mittelpunkt zu stehen
Jungfrau	Angst, nicht perfekt zu sein, den anderen nicht dienlich zu sein	deine heilende Ader zu entdecken	6. Haus	innere Ordnung und Routinen zu gestalten

Chiron in den Zeichen	Deine größte Wunde/Angst	Deine größte Gabe	Astrologisches Haus	Schmerzlichster Bereich/Aufgabe
Waage	Angst, dich selbst in Beziehungen zu verlieren, Beziehungsprobleme und schlechter Selbstwert	anderen zeigen, wie man durch Beziehungen heilen kann	7. Haus	Beziehungen zu führen
Skorpion	Angst, die zu verlieren, die du liebst, tiefe extreme Schatten, Trauma	aus dem eigenen Schmerz selbstermächtigt herausgehen	8. Haus	sich der eigenen Traumata und Schatten bewusst zu werden
Schütze	Angst, nicht genug zu wissen, du denkst, du bist nicht gebildet und klug genug	Andere mit deinem Wissen zu bereichern, Lehrer*in in einer Sache werden	9. Haus	sich zu trauen, das Nest zu verlassen und in die Welt hinauszugehen
Steinbock	Angst, zu versagen, du fühlst sich vor anderen immer klein	Anderen Vertrauen spenden, innere Stärke und Halt zu integrieren	10. Haus	die Berufung zu finden, die zu dir gehört
Wassermann	Angst, gefangen und unfrei zu sein, enge Beziehungen lösen Fluchtimpulse aus	sich von den inneren Unfreiheiten befreien zu können	11. Haus	echte wahre Freund*innen und Gleichgesinnte zu finden
Fische	Angst vor der Hingabe an eine höhere Macht, du misstraust der Intuition und hast Angst vor den eigenen Träumen, oft Albträume	zu erkennen, dass du nicht nur ein Mensch, sondern auch ein spirituelles Wesen bist	12. Haus	der eigenen Fantasiewelt und Spiritualität ihre Daseinsberechtigung zu schenken

MEIN CHIRON IM HOROSKOP

Meine innere Heilung

Fasse nun deine Erkenntnisse in deiner Astrogleichung zusammen:

Mein Chiron im Tierkreiszeichen: ______________________

+

Mein Chiron im Haus: ______________________

=

Mein Geburtschiron: ______________________

____

Tipp

Nimm dir für die Deutung auch noch gerne meine Astro-Cards zur Hilfe.

★ Suche dir das Zeichen und das Haus, in denen dein Chiron steht, heraus und lege die drei Karten nebeneinander: *Was siehst du auf den Karten? Was nimmst du ganz intuitiv für Verbindungen wahr?*

LILITH ⚸

Meine innere, weibliche Urkraft

1

★ *In welchem Zeichen steht und wirkt deine Lilith in deinem Horoskop und damit Leben?* Lilith in dem einen oder anderen Sternzeichen zeigt genau deine Schwachstelle, deine Schatten und Ambivalenz auch gerade in Bezug auf deine eigene (wilde) Weiblichkeit und Urkraft als Frau.
Meine Lilith steht im Sternzeichen …

Lilith hilft zu verstehen, in welchem Bereich eine Person im Leben Provokationen, Versuchungen und Prüfungen zu erwarten hat.
Notiere hier deine Gedanken zu deiner Lilith im Horoskop:

2

★ *In welchem Haus und damit Lebensbereich wird der Ruf deiner Lilith laut? In welchem Lebensbereich darfst du deine ganze Stärke und Ur-Wildheit mehr entfalten, aber vielleicht auch an manchen Stellen vernünftig zähmen?* Meine Lilith steht im Haus …

Lilith zeigt nicht viel weniger an als das, was wir in uns selbst ändern müssen, bzw. welche Ambivalenz wir annehmen müssen. Zu wissen, in welchen Situationen (Häusern) wir besonders dazu neigen, Extreme zu zeigen oder zu rebellieren, hilft enorm, sich selbst besser zu verstehen. Notiere hier deine Gedanken:

In dieser Energie offenbart sich auch, wie und wo du dich häufig als Außenseiter*in fühlst. Wenn wir die Kernthemen unserer inneren Lilith (das gilt auch für Männer) begreifen, können wir einen anziehenden Magnetismus aktivieren.

MEINE LILITH IN DEN 12 ZEICHEN

Lilith in …	Themen	Rebellion	Schatten/ Ambivalenz	Urkraft
Widder	Androgynität, Dominanz, Kampfeslust	Machtkämpfe zwischen männlich und weiblichen Anteilen, »me too-Bewegung«	extreme Wut, im Krieg gegen sich und alle	spirituelle Krieger*in
Stier	Verlustangst, Besitz und Geld als Obsession, Schamanisches	gegen den eigenen Körper, Sexualität	gestörtes Empfinden von Luxus, Lust und Genuss, besitzergreifend, Völlerei	sinnlicher Magnet
Zwillinge	Zynismus, Zerrissenheit, Doppelzüngigkeit	gegen die Intuition als Gegengewicht zum Intellekt	Radikales Schwarz-Weiß-Denken	Wortmagier*in
Krebs	diverse Mutter-Themen, Empfänglichkeit, Intuition	gegen die eigene Familie, Mutter, Wurzeln bis hin zur Abkehr	zwischen Erhöhung des Mutter-Seins, der Mutter oder Ablehnung	Mondzauber*in
Löwe	Sichtbarkeit, Mut, Charisma, evtl. Vaterthemen	endloser Kampf gegen das Gefühl, nicht geliebt zu werden	zwischen Größenwahn und Selbstzweifel, Mittelpunktsucht	Göttliches Licht
Jungfrau	Verzicht, Moraldenken, Angepasstheit	gegen sexuelle Begierde, Genuss und Lust	zwischen der Braven und der Lüsternen, viele auferlegte Tabus	Alchemist*in der Vernunft
Waage	Harmoniesucht, Schönheit, Schein	sträubt sich, ein eigenes starkes Ich-Gefühl zu entwickeln	wollen nur angehimmelt werden, permanente Suche nach dem Spiegel im Gegenüber	Engel der Liebe

Lilith in ...	Themen	Rebellion	Schatten/ Ambivalenz	Urkraft
Skorpion	Macht, Destruktion, Rache, Eifersucht	gegen den inneren Zugang zum Unbewussten und Spiritualität an sich	Selbstopferungs-Gedanken, Verführung aus negativen Zwecken	Schatten-wandler*in
Schütze	Maßlosigkeit, Glaubenskrise, Philosophie und Werte	gegen scheinbar Ungläubige, die nicht die gleiche Philosophie/Religion teilen	Suche nach einem »heiligen« Messias, starke Polarisierung	spirituelle*r Visionär*in
Steinbock	Vertrauen, Verrat, Autorität und Strenge	gegen den Genuss des eigenen Daseins, Mensch-Sein, wehrt sich gegen Pflichten	begrenzt sich und das eigene Vermögen, hadert mit Familiengeheimnissen und eigenen Karma	Weise alte Seele
Wasser-mann	Freiheitskampf, Individualität, Feminismus	dagegen, Verantwortung für die eigene Einzigartigkeit zu übernehmen	vertraut seiner Intuition nicht und Rebellion auf allen Ebenen, beschneidet sich selbst durch ständige Rebellion	Befreiende*r der Gefangenen
Fische	Fantasie, Sucht, Träume und Unklarheit	gegen harte Realität und Tatsachen	befindet sich andauernd in einer spirituellen Krise, driftet ab, Drogen-Affinität, Realitätsflucht	Traumfänger

MEINE LILITH IN DEN 12 HÄUSERN

Astrologisches Haus	Lilith's Ruf nach	Lösungsmantra	Das Dunkle	Das Extreme
1. Haus	sinnvoller Selbstkritik	»Ich darf da sein«	sexueller Trieb, Kampf-, Fluchtmodus	Kampf ums eigene Überleben
2. Haus	einem (spirituellen) Erbe, das zu verwalten ist	»Ich bin sicher«	Neid, Gier, Ablehnung des eigenen Körpers	Angst vor Armut
3. Haus	Tabus anzusprechen	»Ich darf sprechen«	evtl. Geschwister-Trauma, innere Wut darüber, Probleme in Kindheit	Kritikangst und Sprachlosigkeit
4. Haus	einem Platz für das Innere Kind	»Ich finde in mir Geborgenheit«	»Schwarzes Schaf« der Familie, Leugnung der eigenen Wurzeln	das ungewollte Kind
5. Haus	wahrer Herzensfreude und Mut zur Sichtbarkeit	»Ich darf mutig sein und Freude haben«	Gefühlserstarrung und manchmal unauthentische Gefühlsäußerung	keine Lebensfreude
6. Haus	gesunder Vernunft	»Ich habe ein Gespür dafür, was mir guttut«	hasst den Job und die tägliche Arbeit, Raubbau an der eigenen Kraft und Körper	Zwangsneurosen
7. Haus	einer Beziehung auf Augenhöhe	»Ich darf mich einlassen und lieben«	Beziehungsdramen, Machtkämpfe, Unehrlichkeiten, versteinertes Herz	Beziehungstraumata

Astrologisches Haus	Lilith's Ruf nach	Lösungsmantra	Das Dunkle	Das Extreme
8. Haus	Magischer Transformationsarbeit	»Ich kenne meinen Wert«	Kampf zwischen Weißer und Schwarzer Magie, Leistungsdruck, schwere Ahnenthemen	extreme Rachefantasien
9. Haus	einen eigenen Glauben zu finden	»Ich glaube friedlich an das Gute«	extreme Diskussionen über »Religionen«, will andere belehren und lässt keine Meinungsfreiheit zu	sich selbst zum Guru ernennen
10. Haus	die wahre Berufung zu finden	»Ich darf meinen eigenen Weg gehen«	Betrug, Ächtung, Missachtung von Normen, Regeln, zwanghaftes Erfolgsstreben	gegen Gesetze verstoßen
11. Haus	echte Freundschaft zu erfahren	»Ich darf individuell sein«	Absonderung von Gemeinschaften, Freunden, Stress, Einsamkeit, Versagensängste	nirgendwo wirklich dazuzugehören
12. Haus	den eigenen spirituellen Fähigkeiten zu vertrauen	»Ich darf meinen Sinnen vertrauen«	aus Angst vor Kontrollverlust mangelndes Vertrauen in Spiritualität	psychische Labilität

MEINE LILITH IM HOROSKOP

⚸

Meine innere weibliche Urkraft

Fasse nun deine Erkenntnisse in deiner Astrogleichung zusammen:

Meine Lilith im Tierkreiszeichen: ....

\+

Meine Lilith im Haus: ....

=

Meine Geburtslilith: ....

....

Tipp

Nimm dir für die Deutung auch noch gerne meine Astro-Cards zur Hilfe.

★ Suche dir das Zeichen und das Haus, in denen deine Lilith steht, heraus und lege die drei Karten nebeneinander: *Was siehst du auf den Karten? Was nimmst du ganz intuitiv für Verbindungen wahr?*

....

....

....

....

AUFSTEIGENDER (NÖRDL.) MONDKNOTEN ☊

Neues Lebensziel

★ *In welchem Sternzeichen steht dein aufsteigender Mondknoten?*
Mein aufsteigender (nördlicher) Mondknoten steht im Sternzeichen …

Was sagt dein aufsteigender Mondknoten im Zeichen über dich aus?
Der nördliche Mondknoten in den Sternzeichen steht für dein karmisches Lebensziel und gibt einen Hinweis, wie und wer du in diesem Leben »mehr« werden solltest, um dein volles Potenzial zu leben.
Notiere hier deine Gedanken dazu:

★ *In welchem Haus, sprich Lebensbereich, steht dein aufsteigender Mondknoten?* Hier erfährst du spirituelle Lektionen, die du in diesem Leben meistern sollst.
Der Bereich, in dem du dein Schicksal umschreiben darfst.
Mein aufsteigender Mondknoten steht im Haus …

Notiere hier deine Gedanken dazu:

ABSTEIGENDER (SÜDL.) MONDKNOTEN ☋

Altes Karma

★ *In welchem Tierkreiszeichen steht dein südlicher Mondknoten?*
Mein absteigender (südlicher) Mondknoten steht im Sternzeichen …

Was sagt dein absteigender Mondknoten im Zeichen über dich aus? Sein Archetyp gibt Hinweise auf ein bestimmtes Schicksal, die Rolle in deinem früheren Leben, die du mit dir trägst.
Schreibe hier deine Gedanken und Notizen dazu auf:

★ *In welchem Haus, sprich Lebensbereich, steht dein absteigender Mondknoten?*
Spürst du vielleicht ein nicht greifbares inneres Wissen in dir, vielleicht aus einer früheren Inkarnation? Das Haus, in dem der südliche Mondknoten steht, offenbart die Bereiche, in denen dein Karma wirkt.
Mein absteigender Mondknoten steht im Haus…

Notiere hier deine Gedanken dazu:

Die Erlösung des eigenen Schicksals vom südlichen Mondknoten ist immer im nördlichen Mondknoten zu finden. Die Polaritäten der gegenüberliegenden Zeichen, aber auch Häuser, sind für unser inneres Wachstum in diesem Leben notwendig!

MEINE MONDKNOTEN-ACHSE

IN DEN 6 OPPOSITIONSZEICHEN-PAAREN

☊	☋	Mondknotenachse (nördlich-aufsteigend/ südlich-absteigend) Lebensthema	Karmische Lebensaufgabe
Widder	Waage	Identität und gesunden Egoismus entwickeln	Sei zuerst für dich selbst da, bevor du immer nur beim Anderen bist. Es geht darum, ein gesundes Selbstwertgefühl zu entwickeln und sich freundlich abzugrenzen.
Stier	Skorpion	Festhalten vs. Loslassen	Versuche, finanzielle Sicherheit und emotionale Unabhängigkeit zu erlangen. Entwickle deinen natürlichen Sinn für sinnliche Freuden und Genuss.
Zwillinge	Schütze	Wissen anstatt »nur« Glauben	Gehe mit deinem Intellekt über oberflächliche Informationen hinaus. Versuche mit gesunder Vernunft für dich die richtigen Fakten herauszuarbeiten und diese weiterzugeben.
Krebs	Steinbock	Von Strenge zur Sanftheit	Im Leben zählt der Wert der Liebe mehr als Erfolg, Pflicht und Regeln. Finde Mitgefühl und Weichheit im eigenen Herzen, auch um dich und andere damit zu nähren.
Löwe	Wasser-mann	Den Thron des Lebens besteigen	Lerne, dein Licht, Macht und deine Originalität einzusetzen. Man ist nicht egozentrisch, nur weil man wie du das große Ziel verfolgt, die Welt zu retten.
Jungfrau	Fische	Realismus und Vernunft	Du hast so tolle Träume und Visionen, es wäre schade, wenn du sie nicht auch mal einem Realitätscheck unterziehst, damit sie wahrwerden können!

☊	☋	**Mondknotenachse (nördlich-aufsteigend/ südlich-absteigend) Lebensthema**	**Karmische Lebensaufgabe**
Waage	Widder	Liebe leben	Es geht darum, von einem egozentrischen »Ich« zu einem offenen »Du« zu gelangen und die Magie der Liebe und des sich Einlassens auf andere Menschen zu erfahren.
Skorpion	Stier	Loslösung von falschen Sicherheiten	Du darfst die Illusion durchbrechen, dass materielle Güter oder feste Beziehungen die Lösung für frühe Mangel- oder Traumaerfahrungen bieten. Erkenne, dass wahre Heilung und Erfüllung von tief innen kommen.
Schütze	Zwillinge	Weites Glauben vs. Schwarz-Weiß-Denken	Verlasse dich auf deine Überzeugungen anstatt auf bloße Fakten. Durch die Verbindung von Herzenswünschen und einem soliden Wissensfundament kann man den eigenen Lebensweg mit größerer Visionskraft gestalten.
Steinbock	Krebs	Verantwortungsvoll Erwachsen werden	Es ist wichtig, dein Inneres Kind zu pflegen und ihm Raum zum Wachsen und Reifen zu geben. Gleichzeitig darfst du erkennen, dass Verantwortung und Erfolg eine schöne und bereichernde Erfahrung sein können.
Wassermann	Löwe	Hinwendung zur Gemeinschaft	Nutze deine Strahlkraft, um Wissen, neue Perspektiven und Ideen zu teilen, um eine bessere Welt aufzubauen und das Wohlergehen der Gemeinschaft zu fördern.
Fische	Jungfrau	Die universelle Weisheit	Lerne, deine Intuition und deine medialen Fähigkeiten zu »fühlen«. Diese Erfahrungen ermöglichen es dir, eine tiefere Verbindung zur spirituellen Welt und Weisheit herzustellen.

MEINE MONDKNOTEN-ACHSE

IN DEN 6 OPPOSITIONSHÄUSER-PAAREN

Achse	Themenfelder	Aufgaben/Ziele
1. Haus/ 7. Haus	**Selbst & Identität vs. Liebe & Partnerschaft**	Es geht darum, auf eine authentische und mitfühlende Weise für sich selbst (1. Haus) oder eine Partnerschaft (7. Haus) einzutreten und dabei die Harmonie und das Gleichgewicht zu wahren.
2. Haus/ 8. Haus	**Ressourcen & Transformation/ Mystik**	Entwicklung eines bewussten und achtsamen Umgangs mit den eigenen Sinnen, Bedürfnissen nach Sicherheit, Werten und Zugang zur Mystik.
3. Haus/ 9. Haus	**Kommunikation & Lernen/Glauben**	Versuche, tiefer in die Wahrheit einzudringen, Ziel ist es, die geistigen Fähigkeiten zu erweitern und eine solide Basis für persönliches Wissen und spirituelles Wachstum zu schaffen.
4. Haus/ 10. Haus	**Heim/Familie & Karriere**	Respektiere deine eigenen Bedürfnisse und sei liebevoll mit dir selbst und anderen. Es ist eine Reise der Selbstentwicklung und des Wachstums, im Einklang mit unserer wahren fürsorgenden Natur zu leben.
5. Haus/ 11. Haus	**Freude/Spiel & Gemeinschaft/ Technik**	Eine Bühne für die eigene Strahlkraft und Freude, auf der man sich mit Gleichgesinnten verbinden kann, um sich gegenseitig zu ermutigen und zu bereichern. Gemeinsame Ziele und Interessen, die Freude machen.
6. Haus/ 12. Haus	**Arbeit/Routine & Künstlerisches & Spiritualität**	Es geht darum, die Schönheit und Weisheit der realen Welt zu schätzen und sich bewusst für deren Erhaltung im Dienst der Menschheit auch Heilung zu bringen. Gleichzeitig ist es wichtig, einen spirituellen Weg einzuschlagen und den Zugang zu medialen Fähigkeiten zu erforschen und zu entwickeln.

MEINE MONDKNOTENACHSE IM HOROSKOP

Mein neues Lebensziel und altes Karma

Fasse nun deine Erkenntnisse zusammen:

Mein aufsteigender Mondknoten im Tierkreiszeichen:

+

Mein absteigender Mondknoten im Tierkreiszeichen:

+

Meine Mondknoten in den Häusern ... und ...:

=

Meine Mondknotenachsen-Thematik:

Karma im Horoskop

Tipp

Nimm dir für die Deutung auch noch gerne meine Astro-Cards zur Hilfe.

★ Suche dir das Zeichen und das Haus, in denen dein südlicher Mondknoten steht, und das Zeichen und das Haus, in denen dein nördlicher Mondknoten steht, heraus und lege die Karten nebeneinander: *Was siehst du auf den Karten? Was nimmst du ganz intuitiv für Verbindungen wahr?*

DIE MEISTGESTELLTEN ASTROFRAGEN

★ Ich kann mit dem Archetyp und Eigenschaften meines Sternzeichens (Sonnenzeichens) überhaupt nichts anfangen. Warum passt das nicht?

Wenn du nicht ausgerechnet ein sogenanntes »Scheitelkind« bist, siehe S. 174–175 im FAQ, behalte im Hinterkopf, was du bereits auf den ersten Seiten dieses Workbooks lernen durftest. Obwohl dein Sonnenzeichen als der Kern deines einzigartigen Wesens gilt, sind es auch andere Planeten, Achsen und Berechnungspunkte in deinem Horoskop, die dazu beitragen, deine Persönlichkeit zu nuancieren. Und das sind nicht nur die Big Three, siehe S. 78–79.

Also überprüfe doch zunächst, ob es nicht vielleicht sein könnte, dass du insgeheim vielleicht viel stärker dein Mondzeichen oder deinen Aszendenten lebst?

By the way: In der vedischen (indischen Astrologie) fragt man sogar oft nur nach dem Mondzeichen und behandelt es wie das »Sternzeichen« (Sonnenzeichen), wie wir es kennen.

Auch gerade die persönlichen Planeten prägen, wie der Name schon verrät, unsere Persönlichkeit, siehe S. 104–126.

Und gerade, wenn du beispielsweise mehrere persönliche Planeten/Achsen/weitere Planeten in einem anderen Zeichen als dein Sonnenzeichen stehen hast, könntest du dich tatsächlich komplett wie dieses Zeichen fühlen und darfst dir auch diesen Archetypen und all seine Eigenschaften und Themen genauer ansehen.

Zudem solltest du bedenken: Anstatt dein Sonnenzeichen als einzigen Faktor deines Wesenskerns zu betrachten, kannst du die Eigenschaften und Besonderheiten dieses Tierkreiszeichen als ein Idealbild und Ziel sehen, nach dem du streben kannst, um ganz in deine Kraft zu kommen, um das zu leben bzw. was das Universum für dich als »Higher Self« vorgesehen hat.

Gibt es Zeichen oder Konstellationen, die ganz besonders kompliziert sind?

Häufig höre ich folgende Aussage: »In meinem Horoskop finde ich nur wenige Trigone und Sextile, dafür aber viele Oppositionen und Quadrate. Bedeutet das, dass mein Schicksal bereits festgelegt ist und zum Scheitern verurteilt ist?«

Nein, absolut nicht! Es gibt kein Horoskop, das per se gut oder schlecht ist. Einige Aspekte in einem Geburtshoroskop können als herausfordernd interpretiert werden, doch immer im Kontext des gesamten Horoskops. Wenn jemand behauptet, du hättest ein schlechtes Horoskop, liegt das Problem eher bei der Person, die diese Behauptung aufstellt, nicht beim Horoskop selbst. In einem solchen Fall solltest du nach einer*m andere*n Astrolog*in suchen, der*die besser zu dir passt. Denn dein astrologisches Horoskop bietet eine Vielzahl von Möglichkeiten, Chancen und Talenten.

Du hast die Wahl, diese Aspekte zu ignorieren und deinen eigenen Weg zu gehen, oder du kannst sie entschlüsseln und für deine persönliche Entwicklung nutzen.

Ich bin knapp zwischen zwei Sternzeichen geboren, welches Horoskop lese ich nun?

Wenn du rund um den Tag geboren bist, an dem die Sternzeichen normalerweise wechseln, vermischen sich die Eigenschaften der beiden Sternzeichen und dieser Mix an Energien hat natürlich Auswirkung auf deine Persönlichkeit. Damit bist du ein sogenanntes »Scheitelkind«, wenn du in den letzten oder ersten Tagen eines Sternzeichens geboren wurdest.

Du wirst also von zwei Archetypen und deren Eigenschaften beeinflusst. Das kann ein spannender Persönlichkeits-Mix sein, bei dem sich die Grundeigenschaften beider Sternzeichen hervorragend ergänzen können. Ich beobachte oft Menschen mit der Sonne an einer Zeichengrenze (zwischen 29°30‘ und 0°30‘), die sich oft hin- und hergerissen fühlen zwischen den Energien der beiden Archetypen. Es kann schwierig sein zu entscheiden, welches Sternzeichen man lesen soll, weil man irgendwie in der Mitte festzustecken scheint. Daher meine profane Antwort: Nimm deine besondere Mischung an und lies beide Horoskope! Dennoch bist du offiziell das Sternzeichen, das den Graden im Horoskop entspricht.

Übrigens: Der Grund für die Verwirrung und Vermischung kann z.B. sein, weil z. B. der 20. April dem Widder zugeordnet wird, während du am 19. April bereits zum Stier gehörst aufgrund deiner genauen Geburtsuhrzeit. Astrologisch gesehen bist du aber dann Stier, weil die Grade der Tierkreiszeichen als feste Grenzen zählen. Die scheinbare Ungenauigkeit liegt darin, dass die Zeichenwechsel aufgrund von Schaltjahren nicht jedes Jahr zur gleichen Zeit stattfinden und um einen Tag variieren können. Wenn du dir unsicher bist, ob du mehr das eine oder das andere bist, könnte es sich lohnen, dies mit einer*m Astrolog*in zu überprüfen, der*die ein professionelles Programm verwendet, um herauszufinden, zu welchem Zeichen du tatsächlich primär aufgrund der Geburtsuhrzeit bzw. Grade gehörst.

★ Ich habe ein kleines »R« neben ein paar Planeten in meinem Geburtshoroskop entdeckt. Was bedeutet das?

Auch neben meinem Pluto, siehe S. 11–12, steht z.B. u.a. so ein kleines »R«. Das bedeutet, dass Planet Pluto, der bei mir im Skorpion steht, zum Zeitpunkt meiner Geburt rückläufig gewesen ist. Als Astroneuling muss ich dich hier warnen, allzu viel hineinzuinterpretieren. Planeten werden phasenweise rückläufig. Da die Erde die Sonne mit anderen Geschwindigkeiten umkreist als die anderen Planeten, scheinen sie sich am Himmel rückwärtszubewegen. Diese optische Täuschung tritt häufiger bei den inneren Planeten wie Merkur, Venus oder Mars auf, die die Sonne schneller umkreisen als die äußeren Planeten wie z.B. Pluto, Saturn und Neptun. Ihre Rückläufigkeit tritt zwar seltener auf und dauert dann teilweise monatelang. Daher haben z.B. sehr viele Menschen einen rückläufigen Pluto, Neptun, Uranus, Neptun oder auch Jupiter im Geburtshoroskop.

Spannender ist es also, wenn du ein kleines »R« neben deinem Merkur »R« hast = für mich ein Genius-Faktor im Horoskop, haben in etwa nur 18 %–25 % der Menschen; Venus »R«= Hinweis auf Selbstwertthematik, haben in etwa nur 7 % und Mars »R«= Schwierigkeiten im Antrieb oder mit Druck/Stress umzugehen.

Die Rückläufigkeit von Planeten im individuellen Geburtshoroskop ist vor allem bei persönlichen Planeten besonders wirksam. Vor allem der Planet Merkur ist durch die Medien wegen seiner Rückläufigkeitsphasen, die drei Mal jährlich Kommunikation, Reisen und Technik empfindlich stören können, bekannt.

★ Wo liegen in der Deutung die Unterschiede zwischen Zeichen, Planeten und Häuser?

Blättere hier zu S. 16–17 und lies meine Was-Wie-Wo Regel durch.

★ Warum sind meine Häuser unterschiedlich groß? Und warum sind manche Zeichen wie »eingeschlossen«?

Wir Astrolog*innen, die hauptsächlich mit der psychologischen Astrologie und dem Gedanken einer psychischen Dynamik im Horoskop arbeiten, berücksichtigen solche unterschiedlichen Hausgrößen, um die individuellen Lebensbereiche einer Person genauer zu analysieren und zu interpretieren. Andere Astrolog*innen jedoch verwenden auch gerne äquale Häusersysteme (dort sind die Häuser gleich groß) wie z.B. Koch etc.

Ich arbeite mit dem inäqualen Häusersystem, dem sogenannten Placidus-System. Dabei wird der MC als Beginn des 10. Hauses und der IC als Beginn des 4. Hauses genommen. Die Häuser werden dann in unterschiedlich große Kuchenstücke verteilt. Durch diese Methode entstehen auch eingeschlossene Zeichen in Häusern, diese können übrigens interessante Erkenntnisse über Schicksals-Einflüsse und weitere Interpretationen und Wechselwirkungen zwischen den Zeichen und Häusern bieten.

Daran erkennst du: Astrologie ist ein komplexes Thema, das verschiedene Schulen und Interpretationssysteme umfasst, und jede*r Astrolog*in hat oft eigene Vorlieben und Herangehensweisen, so wie jeder Koch ja auch mit unterschiedlichen Gerätschaften oder Gewürzen kocht.

Die Wahl des Haussystems hängt oft von individuellen Vorlieben, Traditionen und Erfahrungen der*s Astrolog*in ab. Jedes Haussystem hat seine eigenen Stärken und Schwächen und kann unterschiedliche Betonungen und Interpretationen bei der Analyse des Geburtshoroskops bieten.

★ Ein Haus ist / mehrere Häuser sind komplett leer, was bedeutet das?

Auch wenn ein Haus leer ist, also kein Planet darinsteht, kann man es deuten. Und es bedeutet keineswegs, dass dieser Lebensbereich in deinem Leben nicht relevant ist. Schau dir doch mal das Sternzeichen an, das an der Spitze oder dem Anfang des Hauses steht, und interpretiere auch den Herrscherplaneten mit.

★ Was ist der Horoskopherrscher? Und was hat die Aura mit meinem Aszendenten zu tun?

Dein Horoskopherrscher ist der Planet, der deinen Aszendenten beherrscht.

Mein Aszendent ist Waage, daher ist der Planet Venus der übergeordnete Herrscher meines Horoskops. Venus ist ein harmonischer Planet, der mit der Liebe, Schönheit und dem Selbstwertgefühl in Verbindung steht. Das bedeutet, dass diejenigen, die von Venus regiert werden, meist nach Schönheit im Leben streben. Der Horoskopherrscher ist also der Planet, der einem Menschen das gewisse Etwas verleiht in seinem Erscheinen. Per Definition ist das auch die Energie, die eine sogenannte Aura umschreibt. Meine eigene Idee und Interpretation besteht darin, dass diese Aura auch durch die Planetenenergie geprägt wird.

Zusatz

INTERPRETATIONS-GUIDE

LICHTER UND PERSÖNLICHE PLANETEN IN DEN ZEICHEN

PLANET	ZEICHEN-DEUTUNG	ZEICHEN
☉	**SONNE IM ZEICHEN X** So lebt ein Mensch seinen Kern des eigenen Wesens mit den Eigenschaften nach dem jeweiligen Zeichen.	Art der Wesensentfaltung / Lebensenergie
☽	**MOND IM ZEICHEN X** Wie fühlt jemand, in welcher Zeichenfärbung sind die Gefühle geprägt?	Art, die eigenen Gefühle / Bedürfnisse auszudrücken
☿	**MERKUR IM ZEICHEN X** Wie spricht/denkt/ kommuniziert jemand?	Gestaltung der Kommunikation / Denken
♀	**VENUS IM ZEICHEN X** Wie liebt jemand? Das Zeichen bestimmt die Liebesnatur eines Menschen.	Liebesfähigkeit / Charisma / Selbstwert
♂	**MARS IM ZEICHEN X** Wie entfaltet jemand seinen Antrieb? Wie ist der Antrieb gestaltet? Das Zeichen bestimmt die Energie und Kraft eines Menschen.	Antrieb / Drive

INTERPRETATIONS-GUIDE

LICHTER UND PERSÖNLICHE PLANETEN IN DEN HÄUSERN

PLANET	HAUS-DEUTUNG	HAUS / LEBENSBEREICH
☉	**SONNE IM HAUS X** Hier lebt ein Mensch seinen Kern des eigenen Wesens und kann (hoffentlich) sein wahres Ich gut ausdrücken und entfalten.	Hier kannst du am besten deinen wahren Kern ausdrücken
☽	**MOND IM HAUS X** Hier kann ein Mensch im besten Fall seine Gefühle gut ausdrücken oder muss lernen, (mehr) seiner Intuition zu vertrauen.	Das ist der Bereich, in dem sich deine Gefühle/Bedürfnisse am stärksten zeigen
☿	**MERKUR IM HAUS X** Dieser Bereich bestimmt das Lerninteresse, hier wird bestmöglich kommuniziert und Gedanken angeregt	Hier findet hauptsächlich Kommunikation/Denken statt
♀	**VENUS IM HAUS X** Hier drückt man seine eigene Liebe gerne aus, in diesem Bereich strahlt man am schönsten oder hat Selbstwertthemen zu betrachten.	Hier zeigt sich die Liebesfähigkeit/Charisma/Selbstwert/Genussfähigkeit
♂	**MARS IM HAUS X** Hier kann man seine eigene Lebenskraft am besten entfalten. Dieser Lebensbereich offenbart die Triebfeder des eigenen Handelns.	Hier setzt du besonders gut deine Energie Antrieb/Drive ein

Zusatz

LEITFADEN ZUR DEUTUNG

ERSTE SCHRITTE IM HOROSKOP

Schritt	Finde heraus	Deutungs-erkenntnis
1	Wie sieht die Elementeverteilung aus? Siehe S. 45–47 Gibt es eine Tendenz/Ungleichgewicht? Wenn ja, welche? Kannst du daraus auf die Grundenergie schließen? **Hier erfährst du das Grundtemperament der*s Horoskopeigner*in.**	***Temperament***
2	Wie steht es um die Qualitäten? Siehe S. 48 Wie ist die Verteilung? Welche Qualitäten wirken stärker, welche schwächer? **Hier erkennst du, wie die Energie der*s Horoskopeigner*in eingesetzt wird.**	***Handlungsweisen***
3	Wo ist eine Betonung? Hier spiegelt sich auch das Temperament/Handlungsweise wider. Gibt es Planetenballungen in Elementen/ Zeichen/ Häusern? Wo sind die persönlichen Planeten? Welche Häuser sind besonders wichtig? **Mache dir einen Überblick über Betonungen!**	***Grundenergie***
4	Was ist die Thematik des Aszendenten? Welches Thema hat sich der Mensch als Bühne in seinem Leben gesucht? Wie ist sein Auftritt? Wie zeigt sich die*der Horoskopeigner*in? **Hinweis auf Berufstendenz und die Person in der Welt.**	***Aszendent (Rolle/ Auftritt/Aufgabe)***

*** Meine Anmerkung:** Planeten im 1. Haus werden oft wie ein fester Persönlichkeitsanteil verstanden.

Zusatz

Schritt	Finde heraus	Deutungs-erkenntnis
5	Wer ist der Planetenherrscher des Aszendenten? Das ist der Horoskopherrscher. Querverweis -> Wo steht der jeweilige Horoskopherrscher, in welchem Zeichen/Haus? **Hier erfährst du noch besser, wo die Grundenergie der*s Horoskopeigner*in hingeht (Grundausrichtung). Ebenso bestimmt das die Aura eines Menschen, die von der Planeten-energie des Horoskopherrschers geprägt wird.** **Tipp: Beschäftige dich nochmal mehr mit der Energie deines Horoskopherrscher-Planeten Siehe auch S. 92 (Aszendent) und S. 177**	*Horoskopherrscher bestimmt die Grundausrichtung*
6	Wo steht die Sonne? Welche Lebensthemen scheinen dadurch wichtig? In welchem Haus entfaltet sich das Wesen am besten (Haus)? **Hier erfährst du etwas über das Wesen der*s Horoskopeigner*in und den Ort der Wesensentfaltung und des Wesensauftrags.**	*Sonne (Wesen, Ausdruck, Persönlichkeits-kern)*
7	Wie steht es um die Berufung? In welche Höhe strebt die Seele? Worin will die Person erfolgreich sein? Worauf zielt der*die Horoskopeigner*in hin? **Hier erkennst du das Ziel der Energie der Berufung der*s Horoskopeigner*in?**	*MC/10. Haus (Berufung & Ziele)*
8	Wie steht es um die Gefühle und Bedürfnisse? Was braucht jemand, um sich wohlzufühlen? Wie gut ist die Intuition? Vertraut man ihr? Querverbindung zu Mutterthemen (eventuell). **Hier erkennst du, wie jemand fühlt und mit seinen Gefühlen umgeht.**	*Mond (Gefühle, Geborgenheit, Inneres Kind)*

Zusatz

Schritt	Finde heraus	Deutungs-erkenntnis
9	Welche Themen treiben einen Menschen an? Wo gehen die meiste Lebenskraft und eigene Power (am besten) hin und kann dort wirken? **In diesem Bereich findest du die Themen, die die Triebfeder des Handelns eines Menschen ist (Mars). Oder wie jemand seine Liebe ausdrückt (Venus).**	*Mars (Antrieb)/ Venus (Liebe)*

WEITERE DEUTUNGSIDEEN

KEYWORDS-KOMBINATIONEN

Seelenpartner*in oder Dualseele:
z.B. Neptun oder Mondknoten im 7. Haus und Mondknoten (Aspekt) zum 7. Haus
Im Partnerschaftshoroskop (Synastrie) Kombinationen (Konjunktionen und harmonische Aspekte z.B. aus Sonne, Mond und Mondknoten.

Vater
Sonne generell, aber auch die Kombination von Sonne und Saturn oder Sonne und Steinbock-Energien

Mutter
Der Mond generell, aber auch die Kombination von Mond und Krebs oder Mond und 4. Haus, oftmals entspricht das Mondzeichen dem Sternzeichen der Mutter.

Trennung
Uranus und 7. Haus

Feind oder Konkurrenz
Widder und Opposition oder Quadrat oder Mars und Widder oder Mars und Opposition oder Quadrat

Heilung
Fische und Chiron, Neptun und Chiron mit Trigon oder Sextil, aber auch Jungfrau und Chiron

Kommunikation
Zwillinge und Trigon oder Sextil, Zwillinge und Merkur oder 3. Haus, Merkur/Waage

Gesundheit
Jungfrau und Chiron

Gewinn und Reichtum
Jupiter und 5. Haus oder Jupiter und Löwe

Reise
Schütze und 9. Haus

Schönheit bzw. eine attraktive Person
Venus, Konjunktion Aszendent, Stier-Waage-Venus-Positionen

Eine Person mit Star-Appeal
Löwe Konjunktion Aszendent oder Sonne Konjunktion Löwe

Veränderung
Wassermann und Uranus, Uranus und Konjunktion

Spiritualität
12. Haus, Fische-Konstellationen, 8. Haus

SONNEN-ASPEKTE

KEYWORD-KOMBINATIONEN

Sonne und Mond:
zwischen Vater und Mutter, große emotionale Kraft, spontane Bedürfnisse werden ausgedrückt; bei Spannung: innerer Konflikt, Zerrissenheit

Sonne und Merkur:
Verstand und Logik als treibende Kraft; beachte: Hier ist sowieso nur Konjunktion möglich, weil Merkur der Planet ist, der der Sonne am nächsten ist.

Sonne und Venus:
Harmonie, Schönheit und Freundlichkeit als Hauptmotive der Person, im Negativen: gelebter Narzissmus

Sonne und Mars:
Durchsetzungs- und willensstarke Persönlichkeit; bei Spannung: passive Aggression, bremst sich häufig selbst aus

Sonne und Jupiter:
Zeichen für Schutz und Glück, neigt aber auch zu Maßlosigkeit z.B. bei Konjunktion), bei Spannung: innerer »Kampf gegen Windmühlen«

Sonne und Saturn:
Starke Autorität und Führungsanspruch, Karrieremensch, kann große Verantwortung tragen, bei Spannung: Minderwertigkeitskomplexe, Schuldgefühl oder selbstbestrafendes Verhalten

Sonne und Uranus:
Kreatives Denken, Ideenreichtum, starker Freiheitsanspruch und Unabhängigkeitswille, sehr schnell; bei Spannung: Stimmungsschwankungen, häufige Verletzungsgefahr

Sonne und Neptun:
Spirituelles Wesen, Fantasie, große Kreativität und Mitgefühl; bei Spannung: Suchttendenzen, Flucht und extremer Rückzug, bis hin zum kompletten Einsiedlerdasein

Sonne und Pluto:
Starke Fähigkeit zur Selbstermächtigung, Karmalösung wichtig für die eigene Entwicklung, man wird im Leben vom Schicksal häufiger geprüft; bei Spannung: zwischen Ohnmacht und Machtmissbrauch

WEITERFÜHRENDE LITERATUR

ASTROLOGIEGESCHICHTE

Geschichte der Astrologie: Von den Anfängen bis zur Gegenwart (Beck'sche Reihe); von Stuckrad, Kocku, 2007, C.H. Beck

Heimliche Regenten. Astrologen als Drahtzieher der Macht; Klingner, Annett, 2012, Collection Rolf Heyne

Zodiak: Die Geschichte der Astrologie; Berling, Peter, 2009, Allegria Taschenbuch

STANDARDWERKE

Astrologie und das Horoskop: Eine Einführung; Giesow, Norbert, 2018, BoD – Books on Demand

Deutungsbuch Psychologische Astrologie; Kraft, Jürgen, 2018, BoD – Books on Demand

Handbuch der Horoskop-Deutung. Richtlinien zur Interpretation des Geburtshoroskops; Arroyo, Stephen, 1994, Rowohlt Taschenbuch

Schlüsselworte zur Astrologie; Banzhaf, Hajo, 2021, Chiron

EINZELNE PLANETEN & ZEICHEN

Astrologie und Seele: Die Mondknoten als Schlüssel zur Persönlichkeitsentfaltung; Spiller, Jan, 2019, Knaur MensSana TB

Die Chiron-Fibel: Brückenbauer zwischen Geist und Materie (Edition Astrodata – Fibel-Reihe); Bachmann, Verena, 2010, Astrodata

Die Lilith-Fibel: Der Schwarze Mond im Horoskop (Edition Astrodata – Fibel-Reihe); Klinghammer, Alexandra, 2008, Astrodata

Saturn: Die positiven Charakterzüge des »Übeltäters« im Horoskop; Greene, Liz, 2019, Neue Erde

SPEZIALTHEMEN

Angewandte Astro*Carto*Graphy: Planetenlinien und Ortswechsel

astrologisch deuten (Standardwerke der Astrologie); Sullivan, Erin, 2002, Chiron Verlag

Body-Astrologie: Dein Sternzeichen zeigt dir, was deinen Körper gesund macht; Gallagher, Claire, 2022, Knaur MensSana HC

Die sabischen Symbole in der Astrologie (Edition Astrodata), Jones, Marc Edmund, 2020, Astrodata

Kinderhoroskope deuten und verstehen; Cortesi, Anita, 2003, Chiron

Kosmos und Körper: Astromedizin – das Praxisbuch; Hanser, Kirsten, 2018, Irisiana

Lehrbuch der astrologischen Prognose: Transite – Progressionen – Finsternisse (Standardwerke der Astrologie); Brady, Bernadette, 2010, Chiron

Pflanzenastrologie: Heilung durch Pflanzen und Planeten; Stumpf, Ursula, 2013, Freya

NOTIZEN

ZUSAMMENFASSUNG DEINES CHARTS ALS LISTE

Deine Geburtshoroskop-Positionen im Überblick

Trage ein, wo (Zeichen/Grad) sich die einzelnen Planeten/ Punkte in deinem Horoskop befinden

☉ SONNE

☽ MOND

☿ MERKUR

♀ VENUS

♂ MARS

♃ JUPITER

♄ SATURN

♅ URANUS

♆ NEPTUN

♇ PLUTO

⚸ LILITH

☊ NÖRDL. MONDKNOTEN

PERSÖNLICHE WIDMUNG UND DANKESCHÖN

Dieses Workbook, meine »Astro-Bibel« für dich, ist nicht einfach nur so in diese Welt gekommen, es ist für mich ein kleines Wunderwerk, eine schriftliche Schatztruhe voller Sternenstaub und Magie, mit ganz viel Herz und Wissen und im Prinzip ein großes Dankeschön an all meine eigentlichen Lehrer*innen da draußen. Denn ohne das Vertrauen meiner Klient*innen und Schüler*innen oder der Freude meiner treuen und liebenswerten Fangemeinde bei Instagram wäre dieser Wissensschatz nur halb so voll!

Ich darf von astrologischen Reading zu Reading, von jeder Ausbildung zu Ausbildung und auch eigentlich bei jedem Instagram oder Blogbeitrag dazu lernen über die Psychologie der Menschen und ich darf mein Handwerk Astrologie vertiefen.

Und am meisten durfte ich übrigen von den wunderbaren Fragen lernen, die mir immer wieder so gestellt wurden, daher findest du am Ende dieses Workbooks ein Astro-FAQ.

Seit dem Tag, an dem die Astrologie in mein Leben trat, hat mein Leben eigentlich erst so richtig angefangen, weil ich mich selbst Schritt für Schritt besser kennenlernen durfte.

Und jetzt nochmal ein spezieller Dank an ein paar einzelne wunderbare Seelen, die mich auf meinem Weg begleiten und unterstützen:

Danke lieber Dackel Anton, dass du dein Frauchen so viel arbeiten lässt und geduldig mit mir bist, mich aber in den richtigen Momenten auch nach draußen schickst, um etwas Luft zu holen und Erdung zu spüren.

Danke an meinen Partner, der mich am Boden hält und es erträgt, dass ich auch am Wochenende oder im Urlaub bis spät nachts arbeite und in die Tasten haue. Der aber, wenn ich es mal wieder übertreibe, mich auch zum erholsamen Nichtstun und Dolce Vita zwingt. Meine Stier-Venus dankt es dir sehr!

Danke liebe Julia, meine gute Seele und rechte Hand, dafür, dass du mich unterstützt, motivierst und mit mir meine verrückten großen Ideen in die Tat umsetzt.

Danke an meine liebe Freundin Melly aus Schulzeiten, die immer an mich glaubt und für mich eine menschliche und weise Inspiration ist und beweist, dass klugen Frauen einfach die Welt gehört und offensteht.

Danke an meine liebe Mutter, die mir mal ein Buch geschenkt hat, Titel: »Eine Frau mit vielen Möglichkeiten«, wenn du in mein Horoskop blickst und die viele Zwillinge-, aber auch Wassermannenergie siehst, wird klar, dass es lange nicht leicht war für mich, mich beruflich für eine Richtung zu entscheiden. Aber sie hat mir mal in einem magischen Moment empfohlen, meine psychologischen Skills und meine Zwillings-Neugier mit einer Astrologie-Ausbildung zu krönen. Seit fast 8 Jahren darf ich nun meiner Berufung dadurch folgen.

Danke an meine Schamanenlehrerin Elke, die mich auf meinem, diesen spirituellen Pfad begleitet und mich in meinem Tun bestärkt, mir aber auch immer mal wieder hilft, kleine oder größere Wegkorrekturen vorzunehmen.

Danke an alle übrigen wunderbaren Seelen und Herzensfreundinnen, die ich jetzt nicht erwähnt habe, aber deswegen nicht weniger bedacht habe. Danke, dass ihr so viel Geduld habt und immer wieder auf mich verzichtet und dennoch immer für mich da seid!

Und last but not least, danke an den besten Verlag, den es für mich geben kann und der auch schon meine verrückte Idee der Astro-Cards so erfolgreich realisiert hat: Königsfurt-Urania und meine liebste Lektorin Jennifer, ohne euch wäre das hier sowieso nicht möglich!

BILDNACHWEIS

Universe Secrets Illustration Bundle © Cosmic Stories Studio / Creative Market: Umschlag, S. 10, 18, 23, Sternennebel S. 27–38, 44, 51, 57, 64, 71, 76, 77, 171, 191

Astro-Cosmic Event Calendar Creator © OpiaDesigns / CreativeMarket: Umschlag, Schmuckelemente Sonne und Mond S. 8–191, S. 9, 10, 15, 18, 20, 21, 26, Sternzeichen S. 27–38, 46, 50, 52, 63, 64, 79, 80, 84, 86, 88, 96, 97, 99, 101, 103, 104, 105, 106, 108, 110, 111, 113, 114, 116, 118, 119, 120, 122, 124, 126, 127, 129, 131, 132, 134, 136, 137, 139, 141, 142, 144, 146, 147, 149, 151, 152, 154, 156, 157, 159, 161, 162, 163, 164, 166, 168, 169, 178, 179

Magic Woman & Nature © Alisovna / Creative Market: S. 182, 189

Sun and Moon © Darya Gribovskaya / stock.adobe.com: Umschlag, S. 14, 15, 112, 119, 142, 180

Big golden galaxy bundle © anatartan / stock.adobe.com: S. 10, 80

Collection of Mystical and Astrology objects © miobuono / stock.adobe.com: S. 109, 125, 130, 144, 149, 155

© It is NOT permitted to sell my images with StockAgencies / Pixabay: Foto S. 24

© ARC / Pixabay: Foto S. 44

© Saydung89 / Pixabay: Illustration Bleistift S. 43 ff.

© rawpixel.com / Freepik: Pfeil S. 15

The solar system © chathuporn / stock.adobe.com: Mars S. 125, Neptun S. 144

16 vector magical hands set of logo template © Valedi / stock.adobe.com: S. 91

https://commons.wikimedia.org/wiki/File:PIA22946-Jupiter-RedSpot-JunoSpacecraft-20190212.jpg © NASA/JPL-Caltech/SwRI/MSSS/Kevin M. Gill: Jupiter S. 130

https://commons.wikimedia.org/wiki/File:Mercury_Globe-MESSENGER_mosaic_centered_at_0degN-0degE.jpg © NASA/JHUAPL: Merkur S. 109

Portrait Tanja Brock © Julie Neiss: S. 191 und Umschlag © Sunny Meraki

ÜBER DIE AUTORIN

Tanja Brock

Geboren 1985, Sternzeichen Zwillinge mit Aszendent Waage versteht sich als moderne Astrologin. Nach einem Studium der Kunstgeschichte und Geschäftsführung einer Modeboutique schloss sie mehrere psychologische, spirituelle und astrologische Ausbildungen ab. Ihr Ziel ist es, die Weisheitslehre des Kosmos unverstaubt und lebensnah zu vermitteln.

Auf tanjabrock.de und @_innerwisdom_ berichtet sie regelmäßig über die aktuelle Zeitqualität. Mit viel Freude schreibt sie über astrologische und spirituelle Themen, berät Menschen zu ihrem Geburtshoroskop und unterrichtet Astrologie. Sie lebt in München.

ASTRO-CARDS

43 astrologische Orakelkarten mit Booklet

★ Astrologische Phänomene und Zusammenhänge ganz einfach erklärt

★ Viele Beispiele zu Legungen im astrologischen Jahresverlauf

★ Verstehe dein eigenes Geburtshoroskop

★ Umfangreiches Booklet mit ausführlichen Erklärungen

Tanja Brock

ASTRO-CARDS

43 Orakelkarten und Booklet

Box mit Goldprägung

ISBN 978-3-86826-788-4

KÖNIGSFURT URANIA

www.koenigsfurt-urania.com